Lorenz Marti

Der innere Kompass

Lorenz Marti

Der innere Kompass

Was uns ausmacht
und was wirklich zählt

FREIBURG · BASEL · WIEN

© Verlag Herder GmbH, Freiburg im Breisgau 2017
Alle Rechte vorbehalten
www.herder.de

Satz: de·te·pe, Aalen
Herstellung: CPI books GmbH, Leck

Printed in Germany

ISBN Print   978-3-451-37520-0
ISBN E-Book 978-3-451-81080-0

Inhalt

Einstimmung: Das Mehr des Lebens ... 11

1 Der aufrechte Mensch:
Wie wir wurden, was wir sind ... 15

Eine Maus gibt zu denken ... 17
Vom Korn zur Kultur ... 20
Der erste Freigelassene ... 23
Der Blick zum Horizont ... 26
Sprache als Schlüssel ... 29
Rituale und Mythen ... 32
Die Wende der Achsenzeit ... 35
Über sich hinauswachsen ... 38

Intermezzo: Der Philosoph und das Meer 1 ... 41

2 Altes Erbe und neue Freiheiten:
Das evolutionäre Erfolgsrezept ... 45

Unsere versteckten Vorfahren ... 47
Emotion und Reflexion ... 51
Der relativ freie Wille ... 54
Im Schatten der Angst ... 57
Gehirn und Glück ... 60
Die Farbe der Gedanken ... 63
Der siebte Sinn ... 66
Die Stärke der Stillen ... 69

Intermezzo: Der Philosoph und das Meer 2 ... 73

**3 Kreativität begegnet Realität:
Wie die Welt im Kopf entsteht** — 77

Der beste Lotse — 79
Wahrnehmung und Wahrheit — 82
Eine unsichtbare Dunkelheit — 86
Orientierung im Buchstabenwald — 89
Verkehrte Welt — 92

Intermezzo: Der Philosoph und das Meer 3 — 95

**4 Gehirn, Geist und Seele:
Warum das Rätsel bleibt** — 99

Etwas Geistesakrobatik — 101
Jenseits des Gehirns — 104
Graue Zellen und rote Rose — 108
Intelligenz in der Natur — 111
Evolution und Transzendenz — 114
Fünf große Fragezeichen — 117
Signaturen der Seele — 121

Intermezzo: Der Philosoph und das Meer 4 — 125

**5 Leben im Resonanzfeld:
Das Ich ist mehr als ich** — 129

Grammatik des Lebens — 131
Projekt Menschwerdung — 134
Das fließende Ich — 137
Erfahrungen und Erinnerungen — 141
Im Spiegel der anderen — 144
Empathie und Mitgefühl — 147

Die letzte Einsamkeit	150
Vor einem großen Himmel	154
Intermezzo: Der Philosoph und das Meer 5	157

**6 Die Ordnung der Dinge:
Was trägt und verbindet** — 161

Fließende Grenzen	163
Ein weites Feld	166
Karten, Sterne und Neuronen	170
Die Mathematik der Natur	173
Poesie der Wissenschaft	177
Der Klang des Lebens	180
Das große Spiel	183

Ausklang: Mich wundert — 187

Empfänger unbekannt – Retour à l'expéditeur

Vielen Dank für die Wolken.
Vielen Dank für das Wohltemperierte Klavier
und, warum nicht, für die warmen Winterstiefel.
Vielen Dank für mein sonderbares Gehirn
und für allerhand andre verborgne Organe,
für die Luft, und natürlich für den Bordeaux.
Herzlichen Dank dafür, dass mir das Feuerzeug
nicht ausgeht,
und die Begierde, und das Bedauern,
das inständige Bedauern.
Vielen Dank für die vier Jahreszeiten,
für die Zahlen und für das Koffein,
und natürlich für die Erdbeeren auf dem Teller,
gemalt von Chardin, sowie für den Schlaf,
für den Schlaf ganz besonders,
und, damit ich es nicht vergesse,
für den Anfang und das Ende
und die paar Minuten dazwischen
inständigen Dank,
meinetwegen für die Wühlmäuse draußen im Garten auch.

Hans Magnus Enzensberger

Einstimmung:
Das Mehr des Lebens

Wenn ich schreibe, dann zuerst einmal für mich. Schreiben ist meine Art, Erfahrungen zu verarbeiten und Erkenntnisse zu vertiefen. Ich lerne, indem ich schreibe. Schreiben erweitert den Horizont, dient der Orientierung und hilft, im Wellengang des Lebens einigermaßen auf Kurs zu bleiben. Wenn am Ende eines langen Prozesses schließlich ein Buch vorliegt, stelle ich fest: Es ist etwas passiert mit mir. Ich bin nicht mehr ganz derselbe wie vorher.

Doch ich schreibe nicht nur für mich. Ich schreibe vor allem auch für andere. Für Sie zum Beispiel: Schön, dass Sie dieses Buch zur Hand nehmen! Meine Texte sind Angebote zum Gespräch. Ob ich Sie persönlich kenne oder nicht, spielt keine Rolle. Wir sind über das Buch miteinander in Kontakt und gehen zusammen einen Weg. In meine Texte fließen immer auch Erfahrungen ein, die ich mit meinen Leserinnen und Lesern mache. Ich lerne viel von ihren Reaktionen, ihren Fragen und Anregungen.

Es kommt vor, dass Menschen mir berichten, wie eines meiner Bücher ihnen neue Perspektiven eröffnet hat. In solchen Momenten denke ich: Genau für diesen Menschen habe ich das Buch geschrieben! Exakt für ihn oder sie *musste* ich es schreiben.

Zum Beispiel für meinen Schwiegervater, der gegen Ende seines Lebens mein Buch *Eine Handvoll Sternenstaub* gleich viermal gelesen hat. Das Buch lag auf seinem Nachttisch, als er den letzten Atemzug tat. Er war ein Freigeist, wollte von Religion nie etwas wissen und lebte ganz gut damit. Am Schluss hat ihn der Sternenstaub getröstet: der Ausblick auf das Geheimnis dieser Welt, wie ihn die Kosmologie und die Quantenphysik eröffnen. Da musste er nichts glauben. Da konnte er einfach nur staunen über die unendlich weiten und tiefen Dimensionen unserer Existenz – und sich vertrauensvoll dem ewigen Prozess von Werden und Vergehen überlassen.

Ein einziger solcher Leser rechtfertigt den Aufwand für ein ganzes Buch. Wenn dann noch weitere hinzukommen, was erfreulicherweise immer der Fall ist – umso besser. Das zeigt mir, dass meine Gedanken Resonanz finden und ein Dialog entsteht. Mehr kann ein Autor sich gar nicht wünschen!

In den vergangenen Jahren habe ich mich intensiv mit den Naturwissenschaften auseinandergesetzt. Wer etwas über das Mysterium von Welt und Leben erfahren will, kommt nicht um sie herum. Sie erzählen eine Schöpfungsgeschichte, die nicht weniger rätselhaft ist als jene, welche die religiösen Traditionen überliefern. Aber ihre Sprache ist eine andere. Auf den ersten Blick wirkt sie vielleicht nüchtern. Doch das ist nur die Außenseite. Denn auch Wissenschaft wird vorangetrieben von einer leisen Ahnung, dass sich in der beobachtbaren, messbaren Welt etwas Unergründliches, zutiefst Geheimnisvolles verbirgt.

Die Naturwissenschaften nehmen der Welt ihr Geheimnis nicht, im Gegenteil: Sie vertiefen es. Schon deshalb lohnt es sich auch für Laien, da genauer hinzuschauen.

In diesem Buch verfolge ich die Spur des Menschen, wie sie Evolutionswissenschaften, Kulturgeschichte und Hirnforschung aufzeigen. Eine äußerst vielschichtige Thematik. Ich versuche zu übersetzen und – mit der nötigen Vorsicht – zu vereinfachen. Mir geht es um die Frage, was uns eigentlich ausmacht, wie wir wurden, was wir sind – und was aus uns werden könnte.

In der Evolution mag der Mensch eine kurze Episode sein, im Universum bloß eine Fußnote. Und doch, ganz unbedeutend ist er nicht: Menschen können nachdenken über sich und die Welt. Und sie tun das in einem Ausmaß wie kein anderes Lebewesen sonst. Durch uns Menschen erkennt das Universum sich selber.

Aber so groß der kleine Mensch in dieser Hinsicht auch ist, die Welt ist unendlich viel größer. Wir wissen viel, aber noch viel mehr wissen wir nicht und können wir vielleicht auch gar nie wissen. Jede Wissenschaft hat Grenzen. Es gibt mehr, als wir wahrnehmen und begreifen können: das *Mehr* des Lebens. Wir begegnen ihm in diesem Buch auch in der Gestalt eines Philosophen, der am Meer über dieses Mehr nachdenkt. Offen, unbefangen, jenseits von Konfession und Dogma. Von ihm stammt der Satz: »Der Mensch ist grundsätzlich mehr, als er von sich wissen kann.«

1 Der aufrechte Mensch: Wie wir wurden, was wir sind

Der Mensch ist nichts Festes und Fertiges,
sondern etwas Werdendes, ein Versuch und Übergang,
die schmale gefährliche Brücke zwischen Natur und
Geist, Wurf und Sehnsucht der Natur
nach neuen Formen und Möglichkeiten.

Hermann Hesse

Eine Maus gibt zu denken

Eine Maus huscht durch den Keller. Das Licht, das ich im dunklen Raum eben angezündet habe, hat sie erschreckt. Sie flüchtet unter ein Gestell. Eine kleine, scheue Feldmaus. Was machst du da?, frage ich sie. Sie zeigt sich nicht mehr. Es ist mucksmäuschenstill.

Ich nehme eine leere Kartonschachtel und warte. Nach ein paar Minuten erscheint die Maus wieder. Sie eilt im Zickzack über den kalten Steinboden, wo ich leichtes Spiel habe. Ich packe zu und trage sie in der Schachtel zum benachbarten Wald. Unter einer schönen Eiche, in sicherem Abstand zu Katzen und Raubvögeln, lasse ich sie frei. Mach's gut, kleine Maus, flüstere ich ihr zu und gehe.

Was hat das Nagetier wohl erlebt? Ich weiß es nicht. Ich bin ein Mensch und keine Maus. Ohne überheblich zu sein: Die Feldmaus hat sich wohl nicht so viele Gedanken gemacht wie ich. Ihr Verhalten wird im Wesentlichen von zwei Impulsen gesteuert: der Flucht vor Gefahren (in diesem Falle also vor mir) und der Suche nach Nahrung (die sie wohl in den Keller gelockt hat). Das sind die beiden Themen, welche eine Maus beschäftigen. Sagen zumindest die Menschen. Ob die Maus das anders sieht, weiß niemand.

Sicher ist nur, dass der Mensch ein sehr viel größeres Hirn hat und sich deshalb auch mehr Gedanken machen kann. Schutz und Nahrung kommen zuerst, gewiss, aber dann fragt er weiter, nach der Welt und dem Leben, nach sich selber und dem Sinn des Ganzen. Er verfügt über Bewusstsein, Selbstbewusstsein und Sprache. Er kann über sich und die Welt nachdenken. Er muss es geradezu, weil er auch weiß, dass er sterben wird. Ohne Sinn kann ein Mensch nicht leben.

Erich Fromm meint, der Mensch sei das einzige Tier, welches das Problem der eigenen Existenz lösen müsse. Ist das gut? Ist das schlecht? Es *ist* einfach so. Und niemand wird im Ernst das eigene Denkvermögen gegen dasjenige einer Maus eintauschen wollen.

Die Feldmaus wird nach ihrer unfreiwilligen Reise vom Keller in den Wald zuerst ihre neue Umgebung erkunden, um sich orientieren zu können. Sie entwirft dafür eine innere Landkarte. Sobald sie das geschafft hat, stellt sie ihre Erkundungen ein. Für einen Menschen aber beginnen hier erst die eigentlichen Fragen: Was ist passiert? Warum bin ich hier? Und was soll ich jetzt?

Das menschliche Gehirn ist das am weitesten ausdifferenzierte Organ, welches die Evolution bisher hervorgebracht hat. Rund 100 Milliarden Nervenzellen (Neuronen) sind über Billionen von Schaltstellen (Synapsen) miteinander verknüpft. Sie tauschen untereinander laufend elektrische Signale aus, die in chemische Botenstoffe umgewandelt werden – mit dem Ergebnis, dass wir denken und fühlen, wahrnehmen und handeln können.

Wir können über Mäuse und Menschen philosophieren, über große und kleine Fragen, über die Erde, den Himmel und all die vielen Dinge dazwischen. Die Fähigkeit, nicht nur das Lebensnotwendige zu tun, sondern darüber hinaus nach Sinn und Bedeutung zu fragen, zeichnet den Menschen aus. Im Vergleich zu den Mäusen und all den anderen Tieren verfügen wir über das größte Gehirn (relativ zum Körpergewicht). Offensichtlich ist es unsere Aufgabe, Bewusstsein zu entwickeln und nachzudenken.

Und was ist mit der Feldmaus passiert?

Unsere Begegnung liegt Monate zurück, sie lebt wohl längst nicht mehr. Aber ganz verschwunden ist sie nicht. In meinem Geist existiert sie noch. Im Dickicht der Neuronen lebt sie weiter. Ab und zu huscht sie vorbei, um sich gleich wieder zu verstecken. So schnell werde ich sie nicht vergessen.

Und das hat einen guten Grund: Ich mag dich, kleine Maus!

Zarte Pflanze im Kopf: ein Neuron (eine Nervenzelle). Im Gehirn eines Menschen befinden sich gegen 100 Milliarden solche Pflänzchen. Jedes ist im Schnitt mit 10.000 anderen verbunden. Dafür ist das Neuron mit auffällig langen Ausläufern ausgestattet.

Vom Korn zur Kultur

In jedem Menschen steckt etwas Maus. Und umgekehrt gilt: In jeder Maus steckt etwas Mensch. Über eine Zeitstrecke von fast drei Milliarden Jahren haben wir gemeinsame Vorfahren. Und obwohl wir unterdessen ganz anders aussehen als eine Maus, stimmt ein Großteil der Gene überein, auch Organe, Gewebe und Zellen sind sehr ähnlich. (Für die Maus sind diese Gemeinsamkeiten allerdings kein Vorteil, sie wird in den Labors als Versuchstier eingesetzt.)

Die Verwandtschaft ist geblieben, auch wenn sich die Entwicklungswege vor 75 Millionen Jahren getrennt haben. Die inneren Baupläne des Menschen sind komplizierter und vielfältiger geworden. Aus dem einfachen Nervensystem, über das der kleine Nager heute noch verfügt, ist im Schädel des großen Zweibeiners ein riesiges Netzwerk mit Milliarden von Neuronenverbindungen entstanden. Es eröffnet ihm unzählige Möglichkeiten: Er kann denken, Sprache entwickeln, Werkzeuge gebrauchen, Feuer entfachen, Land bebauen. So hat er sich allmählich von der Natur emanzipiert und eine Kultur aufgebaut.

Ein Tier kann nur jene Lebensräume bewohnen, die seiner Art entsprechen. Es ist perfekt auf seine Umwelt abgestimmt. Der Mensch dagegen ist in der Lage, sich unter verschiedenen Bedingungen zu entwickeln, weil er es versteht, aus Beobachtungen Schlussfolgerungen zu ziehen und entsprechend zu handeln. Er ist fähig, sich der jeweiligen Umgebung anzupassen, und kann sowohl am Nordpol wie auch in der Wüste leben. Er kann planen, Gemeinschaften aufbauen und sich Dinge vorstellen, die nicht sichtbar vorhanden sind. Der Mensch, das Kulturwesen.

Kultur, das ist zunächst einmal alles, was Menschen gestalten und erschaffen. Das lateinische Wort *cultura* bedeutet Ackerbau. Unsere Urahnen waren lange als nomadisierende Jäger und Sammler unterwegs, bevor sie sich vor etwa 10.000 Jahren niedergelassen haben. Als sesshafte Bauern begannen sie nun Feldfrüchte anzubauen, Brunnen zu graben, Vieh zu züchten und Vorräte anzulegen. Die Ähren des Getreides wurden nicht nur gesammelt, um sie zu verzehren, sondern auch, um sie auszusäen und den Ertrag zu vermehren. Die Ackerbauern entdeckten, wie sie die Natur gestalten konnten. Diese *jungsteinzeitliche Revolution* gilt als einer der größten Umbrüche in der Geschichte der Menschheit.

Mit der Arbeit auf dem Feld und in der Werkstatt, mit dem Bau von Wegen und Siedlungen veränderte sich die Wahrnehmung: Leben und Welt waren nicht mehr einfach gegeben. Die Menschen konnten ihr Schicksal in die eigene Hand nehmen. Sie konnten nachdenken und schöpferisch tätig werden. Sie konnten die Welt erkunden und Fragen stellen. Und sie konnten sich auch mit Themen befassen, die weder für das Überleben noch für die Fortpflanzung von Bedeutung sind. Kein anderes Lebewesen sonst widmet sich Angelegenheiten, die scheinbar so unnütz sind wie Kunst, Philosophie oder Religion.

Nur Menschen fragen sich: Warum ist etwas so, wie es ist? Warum gibt es überhaupt etwas und nicht nichts? Was hält die Welt im Innersten zusammen?

Der Homo sapiens will Wissen und Erkenntnis gewinnen. Er will verstehen. Selbst an den scheinbaren oder tatsächlichen Grenzen des Wissbaren gibt er nicht auf. Er fragt weiter. Er will mehr wissen. Er will alles wissen.

Er fragt und weiß doch schon, dass immer eine letzte Grenze bleiben wird, die sich nicht überschreiten lässt, eine letzte Frage, auf die es keine Antwort mehr gibt. »Die menschliche Vernunft«, sagt Kant, »hat das besondere Schicksal, dass sie durch Fragen belästigt wird, die sie nicht abweisen, aber auch nicht beantworten kann, denn sie übersteigen alles Vermögen der menschlichen Vernunft.«

Wenn sie könnte, würde die Maus sich bestimmt wundern, was ihre zweibeinigen Verwandten aus alten Tagen in den vergangenen Jahrmillionen inzwischen alles entdeckt, gelernt und erschaffen haben.

Der erste Freigelassene

Vor ungefähr fünf Millionen Jahren haben die affenähnlichen Vorfahren des Menschen begonnen, sich aufzurichten. Warum sie das getan haben, ist nicht ganz klar. Dieser Wechsel muss relativ schnell passiert sein, weil es zwischen dem vierbeinigen und dem zweibeinigen Gang kaum Zwischenstufen gibt.

Der Übergang zum aufrechten Gang hat zu einem anatomischen Umbau des Skeletts geführt: Die Beine wurden länger, die Arme kürzer. Der Schädel, der nun auf der Wirbelsäule ruhte, veränderte seine Form und nahm an Volumen zu. Mit diesem Umbau konnte sich ein großes, leistungsfähiges Gehirn entwickeln.

Anatomisch war der Mensch nun auch fähig, zu atmen und gleichzeitig zu sprechen. So konnte er von animalischen Grunzlauten zu den vielfältigen Ausdrucksmöglichkeiten einer Sprache übergehen. Dieser Übergang spiegelt sich heute in der Entwicklung eines Kindes: Im Krabbelalter kann es zwar allerlei Laute von sich geben, aber richtig sprechen lernt es erst, wenn es stehen und gehen kann.

Der aufrechte Körperbau vergrößerte die Handlungsfreiheit. Die Vorderbeine mutierten zu zwei freien Händen. Der Mensch erhielt damit sein wichtigstes Werkzeug und wurde wortwörtlich handlungsfähig. Er konnte greifen und begreifen, Dinge herstellen und weitergeben, Kunstwerke erschaffen. Diese Fähigkeiten förderten wiederum die Entwicklung des Gehirns und der Sprache. Damit gewann der Homo sapiens einen entscheidenden Vorsprung gegenüber allen anderen Lebewesen.

Diese Entwicklung hat allerdings ihren Preis: die Unsicherheit. Der menschliche Gang gilt als eine der unsichersten Fortbewegungsarten, die ein Lebewesen kennt. Während Vierbeiner sicher auf dem Boden stehen, müssen Zweibeiner ständig ihr Gleichgewicht ausbalancieren. Unser Gehen, stellt der Philosoph und Spaziergänger Schopenhauer fest, ist ein stets gehemmtes Fallen. Gehen ist anatomisch ein heikler Balanceakt von sieben eng koordinierten Bewegungen. Nach dem Anthropologen John Napier torkeln Zweibeiner sogar »Schritt für Schritt an einer Katastrophe entlang«.

Das mag übertrieben sein. Aber wer etwa einer Schafherde zusieht, wie sie sich leichtfüßig über die steilsten Hänge wagt, ahnt, was wir mit dem aufrechten Gang an Standfestigkeit verloren haben. Allein von der Sicherheit her wäre eine vierbeinige Fortbewegung bestimmt besser, zudem würde so die Wirbelsäule entlastet, und wir hätten weniger Rückenschmerzen. Aber niemand wird deswegen auf allen Vieren durch die Gegend laufen. Das überlassen wir doch lieber den Schafen.

Die Aufrichtung des gekrümmten Körpers ist eine eigentliche Befreiungsgeschichte. »Der Mensch ist der erste Freigelassene der Schöpfung; er steht aufrecht«, schreibt der Aufklärer Johann Gottfried Herder.* Wer aufrecht geht, muss nicht kriechen und gebeugt zu Boden blicken. Die aufrechte Körperhaltung signalisiert Kraft und Würde, Mündigkeit und Freiheit. Mit ihr verbindet sich die Fähig-

---

* Herder hat allerdings die Pinguine übersehen, die lange vor den menschlichen Vorfahren bereits den aufrechten Gang kannten.

keit zur Unterscheidung: Was will ich und was nicht? Was ist richtig und was ist falsch? Was ist gut und was schlecht?

Der aufrechte Mensch muss sich für sein Tun und Lassen entscheiden und dafür auch geradestehen. Darin liegt seine Größe – und das Risiko seines Scheiterns.

Ein Kleinkind, das seine ersten Schritte wagt, lernt buchstäblich von Fall zu Fall. Aber mit der Zeit vermag es auf eigenen Beinen zu stehen, gewinnt Vertrauen in sich und seine Möglichkeiten – und den Mut, nach jedem Fall wieder aufzustehen und weiterzugehen, trotz der unsicheren Statik.

Immer wieder aufstehen: Das gilt für den Zweibeiner wörtlich, aber viel mehr noch im übertragenen Sinn. Ein japanisches Sprichwort sagt: Fällst du siebenmal um, so stehe achtmal auf.

Der Blick zum Horizont

Der Werde-Gang des Menschen ist außergewöhnlich. Mit jedem Schritt die Balance zu finden scheint so selbstverständlich und ist es in Wirklichkeit überhaupt nicht. Hirntechnisch ist dieses permanente Ausloten des Gleichgewichts äußerst anspruchsvoll und kompliziert. Kein Roboter schafft so etwas. Selbst die raffinierteste Maschine kann höchstens ein paar vorprogrammierte, plumpe Schritte tun. Dass Menschen überhaupt stehen und gehen können, ist erstaunlich – ein eigentliches Meisterwerk der Natur.

Als Aufgerichteter gewinnt der Homo sapiens Umsicht und Weitsicht, Vorsicht und Nachsicht, Aussicht und Einsicht. Addiert man diese Sichtweisen zusammen, erhält eine Person ihr einzigartiges, unverwechselbares *Gesicht*: Dieses Wort bedeutet im Mittelhochdeutschen ursprünglich »Erscheinung«, »Anblick«. Das Gesicht ist ein Lesebuch des Lebens.

Mit dem aufrechten Gang verändert sich die Wahrnehmung. Das Auge wird zum dominanten Sinnesorgan. Ein Ereignis ist ein *Eräugnis*, sagt die Sprachforschung. Der Blick bleibt nicht mehr auf den Boden fixiert, er erfasst nun auch die nähere und weitere Umgebung. Und manchmal schweift er in die Ferne.

Die Nahsicht wird ergänzt durch die Fernsicht. Sie ermöglicht es, Dinge vorauszusehen und Zusammenhänge zu erkennen. Aus den Bildern, die dabei im Kopf entstehen, entwickelt sich allmählich eine Welt-Anschauung.

Der Blick wandert bis zu jener schmalen Linie, wo

Himmel und Erde zusammentreffen: dem Horizont. Dieses Wort kommt aus dem Griechischen und heißt übersetzt: der Grenzkreis.

Der Horizont setzt eine Grenze. Was sich davor befindet, ist mehr oder weniger deutlich zu erkennen. Was sich dahinter versteckt, lässt sich vielleicht erahnen, aber nie mit Sicherheit sagen. Dafür müssen wir zu dieser Grenzlinie gelangen. Wenn wir sie erreicht haben, eröffnet sich wiederum eine Ferne mit einer neuen Horizontlinie, einem neuen begrenzenden Kreis.

Der Horizont wandert mit jenen, die auf ihn zugehen. Wenn ihm jemand nahekommt, weicht er zurück. Die Grenze, die er darstellt, ist immer vorläufig, immer in Bewegung. Er bleibt ein dauerndes Undsoweiter. Er ist dort, solange wir hier sind. Wenn wir aber dorthin gehen, wird das Dort zum Hier, und er grüßt abermals aus der Ferne.

Der Horizont ist nie hier, sondern immer dort. Er bleibt ein ewiger Ort der Sehnsucht, ein stilles Versprechen, dass es mehr gibt, als ein Mensch hier und jetzt wahrzunehmen vermag. »In der weit entfernten Linie am Horizont erblickt der Mensch etwas, das so schön ist wie seine eigene Natur«, schreibt der Naturphilosoph Ralph Waldo Emerson.

Das Auge verlangt nach jener fernsten Grenze, von der aus sich Welt und Leben ordnen. Emerson erfährt beim Anblick des Horizonts eine tiefe Verbundenheit mit allem. Die vielen kleinen und größeren Sorgen sind dann nicht mehr so wichtig, das eigene Ich wird auf eine wohltuende Weise relativiert: »Ich werde zu einem durchsichtigen Augapfel; ich bin nichts; ich sehe alles.«

Sehen können! Darauf kommt es an. Die meisten können es nicht, befürchtet Emerson. Sie begnügen sich mit der Oberfläche. Aber die Welt ist mehr. Sie besteht nicht nur aus dem, was direkt vor Augen liegt, sondern auch aus dem, was dahinter verborgen ist. Das sichtbare Diesseits wird nur durch eine feine, bewegliche Linie vom unsichtbaren Jenseits getrennt. Und beides gehört zusammen, weil die Welt ein Ganzes ist.

Sprache als Schlüssel

Wie lautet das allererste Wort, das je ein Mensch gesprochen hat? Ich hätte ein paar Vorschläge. Zum Beispiel ein einfaches, aber kräftiges Ja. Das wäre bestimmt ein guter Start. Oder: Danke. Liebe. Freude. Alles Worte, welche das Herz öffnen für das Abenteuer des Lebens. So müsste es sein!

Aber nichts von alledem. Es gibt gar kein allererstes Wort. Am Anfang der menschlichen Sprache stehen Urlaute, die den tierischen Lauten noch sehr ähnlich sind. Mit ihnen lassen sich bereits einfache Botschaften übermitteln: Gefahr, Freude oder Hunger. Die Jäger und Sammler der Frühzeit konnten sich noch mit relativ wenigen Lauten und Gesten verständigen. Daraus sind in einem kontinuierlichen Prozess allmählich erste Worte hervorgegangen. Dann kurze Sätze. Und schließlich die Sprache. Sie bildet einen Meilenstein in der Entwicklung des Menschen und seiner Kultur. Nun konnte man zum Baum »Baum« sagen und alle wussten, was gemeint war.

Wie weit wir heute von den Urlauten unserer frühen Vorfahren entfernt sind, zeigt die Tatsache, dass allein die deutsche Sprache ungefähr eine halbe Million Wörter kennt, die sich in unzähligen Varianten kombinieren lassen. Weltweit werden heute gegen 7000 Sprachen gezählt, während die Hunde überall ähnlich bellen, eine Kuh in China wie in Amerika Muh macht und ein Fisch gar nichts sagt.

Viele Tiere können mit Gebärden und Lauten kommunizieren, doch ihre Ausdrucksmöglichkeiten sind begrenzt und beschränken sich auf die unmittelbare Situation. Sie haben dafür weit besser ausgebildete Sinnesorgane, und es wird vermutet, dass der Mensch mit seinen vergleichsweise kümmerlichen Sinnen ohne die Fähigkeit zu sprechen längst ausgestorben wäre.

Die Sprache ist ein Schlüssel zur Welt. Sie formt die Wahrnehmung, strukturiert das Denken und steuert die Handlungen. Sie hilft, sich selber und andere zu verstehen. Sie regelt das Zusammenleben und verleiht dem grundlegenden Bedürfnis nach Gemeinsamkeit und Zugehörigkeit Ausdruck. Nicht umsonst sind die beiden Begriffe Kommunikation und Kommunion nahe beieinander.

Untersuchungen zeigen, dass Menschen heute während 20 Prozent des Tages miteinander reden. Zum Vergleich: Affen verbringen 20 Prozent ihres Tages damit, einander zu lausen. Beides hat eine soziale Funktion und stiftet Gemeinschaft. Affen lausen sich, Menschen reden miteinander.

Im Unterschied zur Gebärdensprache können Wörter und Sätze eine ganze Palette an Inhalten und Bedeutungen übermitteln. Sie beschränken sich nicht auf das direkt sinnlich Wahrnehmbare, sondern erfassen auch abstrakte Themen und komplexe Sachverhalte. Die Sprache ist das wichtigste Werkzeug des Denkens und eine unerlässliche Voraussetzung für die großen zivilisatorischen Errungenschaften der Menschheit.

Im vierten Jahrtausend vor unserer Zeitrechnung kommt die Schrift hinzu, eine relativ junge kulturelle Technik. Sie übersetzt die gesprochenen Worte in ein Zeichensystem. Die Schriftzeichen ermöglichen es, mit Menschen in Verbindung zu treten, die an anderen Orten und/oder zu anderen Zeiten leben.

Ob gesprochen oder geschrieben: Die Sprache ist auch ein geniales Instrument, um über das Wirkliche hinaus in den Bereich des Möglichen zu gelangen. Sie benennt nicht nur, was ist, sondern auch, was sein könnte. Sie erlaubt ein Denken im Konjunktiv und ergänzt den Wirklichkeitssinn durch den ebenso wichtigen *Möglichkeitssinn* (Robert Musil). Dabei sind der Kreativität und der Phantasie kaum Grenzen gesetzt. Buchstaben und Wörter lassen sich zu beliebig vielen Aussagen zusammensetzen.

Sprache, sagt Herder, ist die »Weiterführung der Schöpfung«.

Rituale und Mythen

Seit Urzeiten trägt der Mensch eine dunkle Gewissheit in sich: Er weiß, dass er sterben muss. Seine Zeit ist begrenzt. Was kommt danach? In der Hoffnung, dass sich jenseits dieser letzten Grenze ein neuer Horizont eröffnen möge, haben unsere Urahnen vor rund hunderttausend Jahren begonnen, ihre Verstorbenen rituell zu bestatten. Begräbnisrituale sind die ersten bekannten Formen von Religiosität.

Rituale geben dem Leben eine Form. Mit ihren verlässlichen, immer gleichen Abläufen weisen sie über den flüchtigen Augenblick hinaus. In einer Welt voller Ungewissheiten bieten sie ein Stück Heimat. In Ritualen können Menschen zu Hause sein. Sie vermitteln ein Gefühl der Zugehörigkeit und beruhigen tiefe existenzielle Ängste. Das verletzliche, sterbliche Individuum erfährt sich als Teil von etwas Größerem.

Rituale sind auch sozialer Kitt. Sie fördern den Zusammenhalt einer Gruppe und regeln das gesellschaftliche Miteinander. Rituelle Verhaltensweisen stärken die Einzelnen ebenso wie die Gemeinschaft, was im evolutionären Überlebenskampf ein Vorteil ist.

Um mit den Launen des Schicksals und dem Schatten des Todes leben zu können, haben Menschen auch begonnen, einander Geschichten zu erzählen. Daraus sind im Laufe der Zeit die Mythen entstanden, die großen Erzählungen der Menschheit. Sie kommen in allen Kulturen vor und greifen überall ähnliche Motive auf. Es geht um die Entstehung der Welt, um Götter und Geister, um die Spannung zwischen Gut und Böse, um den Weg des Menschen und um die Frage, was nach dem Tod kommt.

Mythen sind nicht wörtlich zu nehmen. Wahr sind sie trotzdem. Ihre Wahrheit liegt auf einer symbolischen Ebene. Die alten Erzählungen bilden universelle Erfahrungsmuster ab, wie sie sich auch heute in der Psyche der Einzelnen finden. In ihnen spiegeln sich die tiefsten Ängste und die größten Hoffnungen, die existenziellen Abgründe und die Sehnsucht nach einer letzten Heimat.

Im Unterschied zu den vorgefertigten Sätzen einer Lehre sind die Bilder einer Geschichte beweglich. Ihre Konturen und Färbungen erhalten sie durch die Menschen, die sie hören und weitererzählen. Und ihre Bedeutung erschließt sich erst da, wo sie nicht nur zur Kenntnis genommen und analysiert, sondern auch verinnerlicht und meditiert werden. Hier kommt wieder das Ritual ins Spiel. Es vermittelt ein Gefühl für das Geheimnis, welches die Mythen aufbewahren, indem es die alten Erzählungen in erfahrbare Gegenwart verwandelt.

Mythen sind Kompasse: Sie zeigen Wege und Möglichkeiten auf, dienen der Orientierung und stiften Sinn. Mit den Bildern dieser Geschichten, so der große Mythenforscher Joseph Campbell, haben Menschen den Stürmen von Jahrtausenden standgehalten.

Und heute? Gibt es noch überzeugende Mythen, welche dem Leben Bedeutung verleihen und einen Sinnhorizont eröffnen? Campbell bezweifelt es. Ein neuer Mythos scheint ihm ein Gebot der Stunde zu sein – und zwar einer, der die Menschen und Kulturen verbindet. Mythen haben in der Vergangenheit oft auch der Abgrenzung nach außen gedient. Ein neuer Mythos dagegen müsste Brücken bauen und die ganze Menschheit einbeziehen.

Joseph Campbell hat ein Bild vor Augen: Die Fotografie der Erde, welche die Raumfahrer der Apollo-11-Mission vom Mond aus aufgenommen haben. Sie zeigt unseren Planeten als blau schimmernde Perle in einem endlos finsteren Meer. Aus der Ferne sind auf diesem still leuchtenden kosmischen Kleinod keine Grenzen mehr zu erkennen. Die Erde erscheint als Heimat aller Menschen, unabhängig von Herkunft, Rasse und Religion.

Ein solches Bild könnte sich eignen als Kristallisationspunkt für einen neuen, weltumspannenden Mythos des 21. Jahrhunderts.

Die Wende der Achsenzeit

Wenn die alten Antworten nicht mehr tragen, müssen neue gesucht werden. Wenn Gewissheiten zu bröckeln beginnen, kann nicht alles so weitergehen wie bisher. Wenn Sicherheiten wegfallen, stellt sich die Frage nach dem, was wirklich trägt.

Umbruchzeiten sind schwierige Zeiten. Die Welt gerät aus den Fugen. Vermeintliche Selbstverständlichkeiten werden fragwürdig. Vertraute Ordnungen zerbrechen. Das Überschaubare und damit auch Kontrollierbare weicht einer verstörenden Unübersichtlichkeit. Die Orientierung fällt schwer. Das macht Angst.

Früher war alles besser, heißt es dann. Das stimmt von nahe besehen selten und ist ein Trick unseres Gehirns, welches die Vergangenheit schöner erscheinen lässt, als sie in Wirklichkeit war.* Früher war nicht alles besser. Es war einfach anders.

Umbruchzeiten sind aber auch kreative Zeiten. Es ist nicht mehr möglich, im alten Trott weiterzumachen. Die bekannten und ausgetretenen Wege sind nicht länger begehbar. Es müssen neue gefunden werden.

Dass Krisen auch ein schöpferisches Element innewohnt, zeigt die Geschichte des eigenen Lebens ebenso wie die Geschichte der Menschheit. Und es scheint, dass wir heute wieder in einer Krisenzeit leben, mit all den Fragen, die sie aufwirft. Noch ist kaum zu erkennen, wohin die Reise geht.

---

* Mehr dazu S. 142 f.

Das war im ersten Jahrtausend vor unserer Zeitrechnung nicht anders, als eine alte, von Göttern, Geistern und Dämonen bewohnte Welt allmählich versank und die Koordinaten des Daseins grundlegend neu bestimmt werden mussten. In vier unterschiedlichen Kulturkreisen – Griechenland, Palästina, Indien und China – wurden zwischen 800 und 200 v. Chr. philosophische und religiöse Traditionen begründet, welche das Denken und die Ethik der Menschheit entscheidend geprägt haben.

Achsenzeit nennt der Philosoph Karl Jaspers diese Revolution des Geistes. Sie stellt einen eigentlichen Wendepunkt in der Kulturgeschichte dar. Vom Mittelmeer bis zum Fernen Osten sind die Grundlagen für alle darauffolgenden Zivilisationen gelegt und die zentralen Werte der modernen Welt definiert worden.

In China boten Konfuzius und Laotse einer durch den Zerfall des Reiches zutiefst verunsicherten Gesellschaft neue Orientierung. In Indien erblühte die philosophische Dichtung der Upanishaden, während Buddha einen Weg zur Überwindung des Leidens aufzeigte. In Palästina traten die biblischen Propheten auf und verkündeten eine neue Zeit. In Griechenland entwickelten Sokrates, Platon und Aristoteles die Grundlagen der westlichen Philosophie und Wissenschaft. Am Ende der Achsenzeit verband das Christentum die Religiosität des altorientalischen Judentums mit dem philosophischen Denken der abendländischen Antike.

Ohne Verbindung untereinander haben die Weisen der Achsenzeit ähnliche Einsichten gewonnen: Die Wahrheit bleibt unverfügbar. Niemand kann sie für sich allein beanspruchen. Aber alle sind in der Lage, nach ihr zu suchen und zu fragen. Menschen sind eigenständige Persönlichkeiten und fähig, selber über ihr Leben nachzudenken. Und sie tragen Verantwortung für das, was sie tun. Entscheidend ist am Schluss nicht der Glaube, sondern die Praxis. Die Annäherung an die Wahrheit geschieht über das Handeln.

Mitgefühl und Respekt werden zu zentralen Tugenden. Als Richtschnur dient dabei die *Goldene Regel*: Behandle andere so, wie du von ihnen behandelt werden willst. Auch diese Regel taucht in den verschiedenen Kulturen zur gleichen Zeit auf, ohne dass sich eine gemeinsame Quelle ausmachen ließe. Sie stellt die ethische Mitte der aufkeimenden Weltreligionen dar, setzt aber kein Bekenntnis zu irgendeinem Glaubenssystem voraus. Ihre universelle Gültigkeit ist bis heute unbestritten.

Die Dynamik des Aufbruchs ging später in eine Phase der Konsolidierung über. Nun wurden die neuen Lehren festgeschrieben und zunehmend fixiert, was seither eine dauernde Spannung zum offenen Geist des Aufbruchs erzeugt. Doch das ursprüngliche Feuer ist nie ganz erloschen.

Das geistige Beben der Achsenzeit ist ein kurzer Abschnitt in der Geschichte. Es hat aber Wellen ausgelöst, deren Ausläufer bis in die Gegenwart reichen. »Von dem, was damals geschaffen und gedacht wurde«, sagt Jaspers, »lebt die Menschheit bis heute.«

Über sich hinauswachsen

Lange haben die Menschen in der Tradition ihres Stammes oder Volkes gelebt und die damit verbundenen Glaubensüberzeugungen, Mythen und Rituale miteinander geteilt. In der Achsenzeit traten nun Einzelne hervor, welche es wagten, eigene Wege zu gehen, frei von Konventionen und Normen – und die den Mut hatten, selber zu denken, unabhängig von den Meinungen und Urteilen anderer.

Tradition und Überlieferung verloren zunehmend an Überzeugungskraft. Die alten Erzählungen, über Jahrtausende ganz selbstverständlich von einer Generation an die andere weitergegeben, genügten nicht mehr. Die Pioniere der Achsenzeit suchten neue Zugänge zu den großen Fragen des Lebens. Sie wollten nicht nur glauben, sondern auch wissen. Sie suchten Erkenntnisse, die sich rational begründen ließen. Zum Mythos gesellte sich der Logos, zur Dichtung die Vernunft. Der Mensch wurde sich »des Seins im Ganzen, seiner selbst und seiner Grenzen bewusst« (Jaspers).

Ein Aufbruch wurde gewagt. Laotse: »Eine Reise von tausend Meilen beginnt mit dem ersten Schritt.«

Klarheit wurde gesucht. Konfuzius: »Es ist besser, ein Licht anzuzünden, als über die Dunkelheit zu schimpfen.«

Befreiung wurde ersehnt. Die Upanishaden: »Aus dem Unwirklichen führe mich zum Wirklichen. Aus der Dunkelheit führe mich ins Licht.«

Erkenntnis wurde gewonnen. Buddha: »Wir sind, was wir denken. Mit unseren Gedanken erschaffen wir die Welt.«

Der aufrechte Gang wurde erprobt. Der Prophet Elija: »Wie lange hinket ihr auf beiden Seiten?«

Grenzen wurden ausgelotet. Sokrates: »Ich weiß, dass ich nichts weiß.« Und als Ergänzung dazu Platon: »Es ist keine Schande, nichts zu wissen, wohl aber, nichts lernen zu wollen.«

Gemeinsam ist den Weisen der Achsenzeit, dass sie als Lehrende immer auch Lernende blieben. Leben hieß für sie lernen. Der griechische Lyriker und Staatsmann Solon: »Älter werde ich stets – und lerne immer noch dazu.«

Wer lernt, lebt, und wer lebt, lernt: Heute wissen wir, dass das menschliche Gehirn dafür bestens ausgerüstet ist. Es lernt ausgesprochen gerne. Es kann gar nicht anders. Alles, was unsere Aufmerksamkeit findet, setzt unter der Schädeldecke elektrische und chemische Prozesse in Gang, welche die Verschaltungsmuster zwischen den Neuronen verändern. Und ich kann Ihnen versichern: Wenn Sie dieses Buch gelesen haben, wird Ihr Gehirn ein anderes sein als heute. Nicht wegen mir, sondern wegen Ihrer Aufmerksamkeit. Sie tun damit dem Gehirn etwas Gutes. Mit jeder Information, die es zu verarbeiten hat, wird die Effizienz des neuronalen Netzwerkes verbessert. Verbindungen zwischen den Neuronen werden neu gebaut oder verstärkt. Auf dieser biologischen Basis beruht das Lernen.

Der Hirnforscher Manfred Spitzer kommt deshalb zu dem Schluss: Wir sind zum Lernen geboren. Unser Gehirn lernt immer. Es kann gar nicht anders. Lernen ist seine eigentliche Aufgabe. Und es hat eine schöne Nebenwirkung: Lernen macht auch glücklich, weil die Neuronen dabei den Botenstoff Dopamin produzieren, der am Ende einer Signalkette Glücksgefühle auslöst.

Wenn die Weisen der Achsenzeit dem Menschen etwas zutrauen, wenn sie an die in ihm schlummernden Kräfte und sein verborgenes Potenzial appellieren, dann also durchaus zu Recht: Es ist mehr möglich, als wir bisher aus uns gemacht haben. Die Verheißungen der Achsenzeit sind bis heute nicht vollständig eingelöst worden.

Möglicherweise befinden wir uns unterdessen an der Schwelle zu einer *zweiten Achsenzeit*. Vieles ist im Umbruch, die globalisierte Welt durchlebt zahlreiche Erschütterungen. Eine zweite Achsenzeit müsste die alten Weisheiten neu in die Gegenwart übersetzen und im Dialog der Kulturen weiterentwickeln. Sie könnte so den zutiefst verunsicherten Gesellschaften des 21. Jahrhunderts einen Weg in die Zukunft weisen.

Intermezzo: Der Philosoph und das Meer 1

Das Meer, sagt der Philosoph, ist für mich der selbstverständliche Hintergrund des Lebens.
Er ist in einer Stadt nahe der Nordseeküste aufgewachsen. Das Meer hat ihn geprägt. Die Weite und die Freiheit, die es eröffnet, sind ihm wichtig geworden. Er braucht den nach allen Seiten offenen Himmel. So kann er denken. So kann er leben. So kann er sein.

Gerne sieht er den Wellen zu, wie sie kommen und gehen. Keine gleicht der andern. Bewegung, Licht und Farben wechseln ständig. Manchmal verliert er sich in ihrem Anblick und stellt dann erstaunt fest, wie viele Stunden er wieder an der See verbracht hat, um nichts anderes zu tun als zu schauen. Einfach zu schauen, angezogen von einer magischen Gegenwart aus unendlicher Ferne.[*]

Der Philosoph heißt Karl Jaspers (1883–1969). Sein Thema ist die Existenz. Existenz bedeutet mehr als das bloße Vorhandensein. In der Sprache der Philosophie meint dieser Begriff das Eigentliche eines Menschen. Das, was bleibt, wenn alles Äußere wegfällt. Den Kern.

Es geht um den individuellen Lebensentwurf und um die persönliche Verantwortung. Im Vordergrund stehen dabei zwei Fragen: Wie kann ein Mensch zu sich selber finden? Und wie kann das eigene Leben sinnvoll gestaltet werden?

---

[*] Sämtliche Zitate in den fünf Intermezzi, die ich teilweise frei wiedergebe, stammen aus dem Werk von Karl Jaspers, insbesondere aus seinen beiden Schriften »Der philosophische Glaube« und »Die Chiffern der Transzendenz«.

Beide Fragen lassen sich nicht objektiv beantworten, sondern nur subjektiv. Und keine Antwort gilt für immer. Die Fragen müssen mit jeder Herausforderung, die das Leben mit sich bringt, wieder neu gestellt werden. Der Philosoph nennt diesen Prozess »Existenzerhellung«.

Das Dasein ist das Material, aus dem die Existenz geformt wird. Für die Tatsache, dass wir überhaupt da sind, gibt es keine vernünftige Begründung. Der Verstand kann nicht erklären, warum es Sie und mich gibt. Jaspers meint: Wir verdanken unser Dasein einer größeren Wirklichkeit, die den Sinnen und dem Verstand nicht mehr zugänglich ist: der Transzendenz. Nur von ihr her lässt sich die Existenz begründen: »Der Bezug zur Transzendenz ist das, woraus wir leben.«

Dabei wird ihm das Meer zu einem Gleichnis. Es verweist auf diese größere, umfassende Dimension. Wer es lange genug betrachtet, ahnt: Es gibt eine Freiheit, die weit über die Grenzen des eigenen Ichs hinausführt: »Wo ich ganz ich selbst bin, bin ich nicht mehr nur ich selbst.«

Was lässt sich über diese transzendente Dimension sagen? Wie kann sie beschrieben werden? Was macht sie aus?

Dazu schweigt der Philosoph. Ganz bewusst. Er kann und will diese Fragen nicht beantworten. Er kennt die Grenzen des Wissens und respektiert sie. Philosophie ist für ihn keine Welterklärung, kein Glaubenssystem und kein Strohhalm, an den man sich klammern könnte. Ganz im Gegenteil: »Philosophie erweckt, was sie nicht weiß.«

Ein toller Satz! Philosophie kann nie alles wissen. Ihre Stärke liegt in der Schärfung des Bewusstseins. Im unablässigen Fragen. Im Weckruf. So nimmt sie den Menschen als mündiges Wesen ernst und macht Mut zum eigenen Weg. Mut, aufzubrechen und sich auf die Reise zu begeben, ohne zu wissen, wohin sie führen wird.

Es genügt nicht, sich in dieser Welt fest einzurichten. Die Seele will mehr, schreibt Jaspers: »Sie will sich ins Grenzenlose erweitern.« Sie will über das offene Meer, um in dieser ungeschützten, haltlosen Weite zu erfahren, was wirklich trägt: den Grund aller Dinge. Wer sich von ihm getragen weiß, ist frei.

2 Altes Erbe und neue Freiheiten: Das evolutionäre Erfolgsrezept

Derselbe Lebensstrom,
der Tag und Nacht
durch meine Adern fließt,
strömt durch die Welt und
tanzt in rhythmischen Maßen.
Es ist dasselbe Leben,
das in Gestalt zahlloser Gräser
durch den Staub der Erde
nach oben ins Licht schießt
und sich in wirbelnden Wellen
von Blättern und Blumen ergießt.
Es ist dasselbe Leben,
das geschaukelt wird in der Meereswiege
von Geburt und Tod, von Ebbe und Flut.

Rabindranath Tagore

Unsere versteckten Vorfahren

Eine lange gemeinsame Geschichte verbindet uns mit den Säugetieren, den Reptilien und den Fischen, ja sogar mit Schwämmen und Quallen. »In jedem Organ, in jeder Zelle tragen wir das Erbe von 3,5 Milliarden Jahren Evolution«, stellt der Paläontologe Neil Shubin fest: »Unser Körper ist eine Zeitkapsel, und wenn man sie öffnet, berichtet sie von einer fernen Vergangenheit mit urzeitlichen Ozeanen, Flüssen und Wäldern.«

Während drei Milliarden Jahren haben nur einfachste Lebewesen die Erde bewohnt: Zuerst Bakterien, später Pilze, Pflanzen und schließlich erste Tiere. Vor einer halben Milliarde Jahren hat die Evolution eine bahnbrechende Neuerung hervorgebracht: das Nervensystem – ein Netz von speziellen Zellen (Neuronen), welche Reize aufnehmen, verarbeiten und weiterleiten. Aus ihm erwächst das komplexeste Gebilde im bekannten Universum: unser Gehirn.

Das erste Lebewesen mit einem Gehirn ist der Wurm, das vorläufig letzte der Mensch. Dazwischen erstrecken sich Jahrmillionen, in denen das Gehirn laufend an Größe und Komplexität zugelegt hat. Zwischen der Gehirnleistung eines Wurmes und jener des modernen Menschen liegen Welten. Dabei unterscheiden sich die Nervenzellen des Wurms gar nicht so stark von unseren Gehirnzellen. Der Unterschied liegt in der Zahl: Wir haben ungleich viel mehr Neuronen, und die Verbindungsmuster sind auch wesentlich komplizierter. Das Nervennetz eines Wurms ist dagegen vergleichsweise einfach gestrickt.

Die ganze Entwicklungsgeschichte spiegelt sich heute in der Architektur unseres Gehirns. Das Fundament bildet der *Hirnstamm*. Er befindet sich am Übergang vom Rückenmark zu den anderen Hirnregionen. Der Hirnstamm hat sich vor Jahrmillionen aus den primitiven Lebensformen entwickelt und ist seither praktisch unverändert geblieben. In ihm sind uralte Programme gespeichert. Er steuert lebenswichtige Körperfunktionen wie Atmung, Herzschlag und Kreislauf. Und er reagiert reflexartig auf äußere Reize. Seine impulsiven Reaktionsmuster heißen Kampf oder Flucht.

In einem nächsten Schritt kommt das *limbische System* hinzu. Es sitzt über dem Hirnstamm und umfasst ein ganzes Netz von Hirnstrukturen, welche den Gefühlshaushalt regulieren. Es bewertet alles und verleiht den Ereignissen eine emotionale Färbung. Emotionen sind ein wichtiges Instrument, um spontan erkennen zu können, was in der Außenwelt für uns von Bedeutung ist. Sie beeinflussen permanent unsere Gedanken und Handlungen.

Schließlich folgt der evolutionär jüngste Bereich, das *Großhirn*. Es macht beim Menschen gut drei Viertel des Gehirnvolumens aus und entwickelt sich auch heute noch weiter. Das Großhirn übersetzt die Signale der tieferen Hirnbereiche in Sprache und verbindet sie zu einem Gesamteindruck. Seine Oberfläche, die *Großhirnrinde*, liegt als dicht gefaltete Neuronenschicht (die berühmten »grauen Zellen«) direkt unter der Schädeldecke. Sie ist für alle kognitiven Leistungen zuständig, für das Denken und den Verstand, die Aufmerksamkeit und das Bewusstsein.

Wenn heute ein Mensch zur Welt kommt, durchläuft er die ganze Entwicklung, die in der Evolution Jahrmillionen gedauert hat. Vor der Geburt bilden sich im Fötus Hirnstamm und Teile des limbischen Systems. Die Großhirnrinde entwickelt sich später und braucht dann etwa zwanzig Jahre, bis sie voll ausgebildet ist. Der Weg in die Selbstständigkeit dauert beim Menschen deshalb wesentlich länger als bei den Tieren.

Hirnstamm, limbisches System und Großhirn bilden zusammen ein Ganzes. Sie sind in unterschiedlicher Gewichtung immer dabei, wenn wir wahrnehmen, fühlen und überlegen, entscheiden und handeln. Die Kunst des Lebens besteht darin, Instinkte, Emotionen und Verstand immer wieder neu aufeinander abzustimmen. Wenn Kopf, Herz und Bauch in einem guten Gleichgewicht sind, können sie uns erfolgreich durch die Wellengänge des täglichen Lebens lotsen.

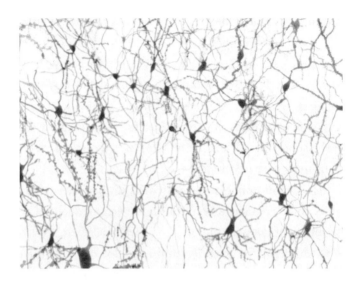

Das Netzwerk der Nervenzellen im Gehirn (oben) gleicht in der Vergrößerung den Verästelungen, wie sie in der Natur oft vorkommen, zum Beispiel denen eines Baumes (unten).

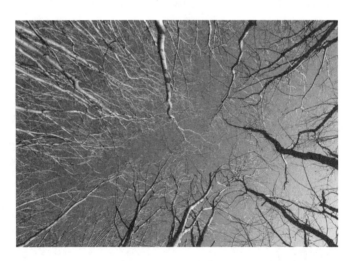

Emotion und Reflexion

Ein Atemzug folgt dem andern, ohne dass wir aktiv etwas tun müssen. Das Blut zirkuliert von alleine, und das Herz schlägt auch, wenn wir schlafen. Der Körper organisiert sich weitgehend selber. Ständig laufen Tausende von Prozessen ohne unser Dazutun ab. Sie steuern uns durch das Leben, gelangen aber nie über die Schwelle des Bewusstseins. Wir merken gar nicht, was sich da alles tut. Und eines ist sicher: Müssten wir uns aktiv darum kümmern, würden wir auf der Stelle tot umfallen.

Das Gehirn ist daraufhin angelegt, möglichst viel im Routinemodus zu verarbeiten. Es ist der große Energiefresser unter den Organen, und die Bilanz sähe noch um einiges schlechter aus, wenn Hirnstamm und limbisches System nicht sämtliche Körperfunktionen automatisch regulieren würden. Die beiden evolutionär älteren Hirnbereiche überwachen auch permanent die Umgebung und melden augenblicklich, wenn etwas von Bedeutung ist, wenn sich eine Chance bietet oder eine Gefahr droht.

Über diese reflexartige Steuerung verfügen auch die Reptilien. Das Reptil in uns wird aber domestiziert durch eine gut ausgebaute Steuerzentrale, dem in der Großhirnrinde angesiedelten *Stirnhirn*. Es ist im Vergleich zur übrigen Hirnmasse wesentlich größer als bei Tieren. Hier werden die Impulse, die aus den tieferen Hirnregionen aufsteigen, laufend überprüft, um bewusst entscheiden zu können.

Im Unterschied zu den Reptilien muss der Mensch nicht jedem Trieb und jeder Begierde automatisch nachgeben. Er kann überlegen, ob es nicht klüger wäre, ein Begehren zurückzustellen zugunsten eines übergeordneten Ziels, das ihm wichtig und wertvoll erscheint. Er kann vorausschauen, Möglichkeiten erwägen und planen. Darin liegt das evolutionäre Erfolgsrezept des Homo sapiens.

Allerdings reagiert der Verstand mit einer gewissen Verzögerung. Jede Wahrnehmung erreicht zuerst das limbische System und löst eine unmittelbare gefühlsmäßige Reaktion aus. Die gedankliche Bewertung dagegen braucht etwas Zeit.

Unter Stress können die Emotionen nun so mächtig werden, dass der Verstand zu spät kommt. Dann übernehmen archaische Impulse die Führung. Das hatte ursprünglich auch seinen guten Grund: In gefährlichen Situationen muss ein Organismus blitzschnell reagieren können. Wenn unsere Vorfahren beim Anblick eines hungrigen Löwen zuerst überlegt hätten, ob sie flüchten sollen oder nicht, wäre das ihre letzte Überlegung gewesen. Starke Emotionen können überlebenswichtig sein.

Heute geht es kaum noch um Leben oder Tod. Doch wenn der äußere Druck und die innere Anspannung groß genug sind, braucht es wenig, um in uralte Verhaltensmuster zurückzufallen. Die Folge sind unbedachte Worte und überstürzte Handlungen. »Stress und starke Gefühle engen unser Denken ein«, stellt der Hirnforscher Gerhard Roth fest: »Sie legen diejenigen Teile unseres Gehirns lahm, die mit Denken und rationalen Entscheidungen zu tun haben.«

Um den unheilvollen Automatismus von Reiz und Reaktion zu durchbrechen, braucht es einen Moment der

Ruhe. Damit entsteht ein innerer Abstand, der es erlaubt, die Emotionen wahrzunehmen, ohne ihnen blind zu folgen. Der Blick geht in zwei Richtungen: Er erfasst die äußere Situation und die innere Reaktion. In der indischen Weisheitstradition wird diese Wachsamkeit mit einer Lampe verglichen, die sich über der Türschwelle befindet. Ihr Lichtschein erhellt den Außenraum ebenso wie das Innere des Hauses.

Wachsamkeit ist auch für die antike abendländische Philosophie die unerlässliche Voraussetzung für ein gelingendes Leben. Sie erlaubt es, auf die täglichen Herausforderungen angemessen zu antworten. Nach dem frühchristlichen Mönch Evagrius ist sie sogar ein Schlüssel zum Himmelreich.

Dabei hilft die Konzentration auf den eigenen Atem, diesen stillen Fluss der Lebensenergie: Einfach beobachten, wie die Luft kommt und geht, wie ein Atemzug dem anderen folgt. Der bewusst wahrgenommene Atem erweist sich als Anker. Wer sich an ihn hält, wird nicht mehr so schnell von äußeren Umständen und inneren Zuständen weggespült.

Diese Übung nennt man *Meditation*. Sie stärkt jenen Hirnbereich, der für die Interpretation und Regulierung der Emotionen zuständig ist (Großhirnrinde) und beruhigt zugleich Hirnstamm und limbisches System.

Damit lichten sich die Nebel der Verwirrung. Die Impulse dürfen sein, die Emotionen dürfen sein – aber sie erhalten als Gegengewicht einen wachen, aufmerksamen Verstand.

Der relativ freie Wille

Lesen Sie dieses Buch eigentlich freiwillig? Haben Sie sich bewusst dafür entschieden, es in die Hand zu nehmen? Spontan werden Sie wahrscheinlich mit Ja antworten. Ganz so sicher ist das allerdings nicht. Denn es gibt Hirnforscher, die dem Menschen den freien Willen schlichtweg absprechen. Sie gehen davon aus, dass jede Entscheidung unbewusst vom limbischen System vorweggenommen wird. Der Mensch führt dann nur noch aus, was die Neuronen ihm diktieren. Er wird zu einer Marionette seiner Biologie.

Stimmt diese These auch? Wenn ja, dann hätte das zwei seltsame Folgen: Erstens müssten diese Forscher zugeben, dass sie ihre These unfreiwillig vertreten. Und zweitens würden Sie, liebe Leserin, lieber Leser, mein Buch nur lesen, weil die Neuronen in Ihrem Schädel es verlangen. Das fände ich ehrlich gesagt schade.

Wissenschaftler, die den freien Willen bestreiten, berufen sich auf ein berühmtes Experiment, das der amerikanische Forscher Benjamin Libet in den frühen 1980er Jahren durchgeführt hat. Es zeigt, dass jeder Entscheidung eine unbewusste neuronale Aktivität vorausgeht. Die Interpretation ist aber umstritten: Nehmen die biochemischen Prozesse die Entscheidung vorweg, oder bereiten sie nur die Möglichkeit einer Entscheidung vor?

Neuere Untersuchungen zeigen, dass es durchaus möglich ist, eine unbewusst angebahnte Handlung durch ein bewusstes Veto zu stoppen. Libet selber hat das bereits vermutet und sich gegen die Behauptung gewehrt, er habe mit seinem Experiment den freien Willen widerlegt. Wir haben zwar nicht die volle Kontrolle über unsere Impulse, meint er, aber wir müssen ihnen auch nicht blind folgen. Wir besitzen ein Vetorecht. Darin liegt unsere Freiheit. Darauf gründet alle Ethik, alle Moral. Libet: »Die meisten der Zehn Gebote lauten schließlich: Du sollst nicht.«

Seit Jahrhunderten debattieren Philosophen, Theologen und Rechtsgelehrte darüber, wie frei wir Menschen in unseren Entscheidungen sind. Heute beteiligen sich auch Genforscher, Neurobiologen und Psychologen an dieser Debatte, die manchmal die Züge eines Glaubenskrieges annimmt. Dabei steht einiges auf dem Spiel. Falls es keinen freien Willen gibt, kann eine Person für ihre Taten und Untaten auch nicht zur Verantwortung gezogen werden.

Doch so dramatisch ist es nicht. Zwar stimmt es, dass wir in unseren Entscheidungen nicht ganz so frei sind, wie wir vielleicht meinen. Alles, was wir denken und tun, beruht auf bestimmten inneren Voraussetzungen und äußeren Gegebenheiten. Das soziale Umfeld spielt dabei ebenso mit wie die kulturelle Prägung, das genetische Erbe, frühere Erfahrungen und erlernte Muster. Bewusste Prozesse vermischen sich immer mit unbewussten. Einen absolut freien Willen, losgelöst von allen Zusammenhängen, gibt es nicht.

Wir sind nicht absolut frei. Wir sind relativ frei. Das ist schon viel. Und wenn wir die eigenen Beschränkungen durchschauen, können wir sie auch in die Willensbildung einbeziehen, was die Freiheit schon wieder vergrößert.

Die folgenschwerste Entscheidung aber haben wir nicht selber getroffen, nicht selber treffen müssen: Kein

Mensch ist gefragt worden, ob er existieren will oder nicht. Zum Glück! Diese Entscheidung wäre die pure Überforderung. Ich jedenfalls wäre immer noch am Überlegen, ob ich zusagen soll oder nicht. Ich würde in unzähligen Varianten Pro und Kontra gegeneinander abwägen, würde die Voraussetzungen prüfen und eine lange Reihe von Bedingungen aufstellen. Aber am Schluss könnte ich mich doch nie zu einem eindeutigen Ja oder Nein durchringen.

Diese Entscheidung wird uns abgenommen. »Ich bin mir das einfachhin Gegebene«, wie der Religionsphilosoph Romano Guardini in aller Schlichtheit feststellt. So ist es. Am Anfang unserer Existenz steht nicht der eigene Wille. Guardini meint: Ich bin mir geschenkt worden – und die wichtigste Aufgabe besteht darin, dazu auch Ja zu sagen. Diese Entscheidung liegt nun allerdings allein in unseren Händen. Und sie braucht etwas Mut: mich anzunehmen, so wie ich bin, mit allen Schwächen und Stärken, den hellen ebenso wie den dunklen Seiten, nie vollkommen – aber immer einmalig.

Im Spiel des Lebens erhalten wir bestimmte Karten zugeteilt: Das ist unser Schicksal. An uns aber liegt es, was wir mit ihnen machen: Das ist unsere relativ große Freiheit – und unsere Verantwortung, in jedem Moment, in jeder Situation.

Im Schatten der Angst

Ein kleiner Selbstversuch hat Charles Darwin, dem Begründer der Evolutionstheorie, die Augen geöffnet: Wenn das Leben tatsächlich oder auch nur scheinbar auf dem Spiel steht, hat der Verstand gegen die uralten Reflexe keine Chance. Überleben und Erhaltung der Art sind die beiden stärksten Grundimpulse der Evolution.

Darwin hat sich in einem zoologischen Garten vor den Glaskäfig einer Puffotter gestellt. Diese Schlange ist hochgefährlich und kann mit ihrem Gift mehrere Menschen töten. Darwin weiß, dass sie ihm nichts anhaben kann, weil ihn eine Glaswand vor dem tödlichen Biss schützt. Ein völlig risikoloses Experiment also. Er drückt sein Gesicht an die Scheibe, fest entschlossen, nicht zurückzuweichen, wenn die Schlange ihn angreift.

Doch es kommt anders. Als die Schlange auf ihn zuschießt, springt er blitzschnell zurück. Bevor er die Situation beurteilen kann, haben die tiefer liegenden Hirnbereiche die Führung übernommen. Dieser Automatismus hat ihn überrascht: »Mein Wille und mein Verstand waren kraftlos gegen die Einbildung einer Gefahr, welche gar nicht direkt vorhanden war.«

Mit dieser Reaktion weiß sich ein Organismus instinktiv zu schützen. Für die Unterscheidung, ob eine Gefahr jetzt real ist oder nicht, bleibt schlicht keine Zeit. Die Situation setzt einen Automatismus in Gang, den die Evolution tief in das menschliche Verhalten eingeschrieben hat.

Nur so haben unsere Vorfahren in den Savannen Afrikas überleben können. Und selbst wenn keine unmittelbare Gefahr drohte, mussten sie ihre Umgebung ständig auf mögliche Risiken überprüfen. Ob Tiger oder Bären, feindliche Stämme, Rivalen, Unwetter oder fehlende Nahrung – wer nicht auf der Hut war, hatte wenig Chancen, seine Gene weiterzugeben.

Viele Ängste, die uns heute plagen, schlummern in den alten, unbewusst arbeitenden Hirnregionen. Das zeigt sich schon daran, dass wir uns mehr vor Schlangen fürchten als vor schnell fahrenden Autos, obwohl Letztere in unseren Breitengraden ein weit größeres Risiko darstellen.

Dieses evolutionäre Erbe lässt sich nicht so leicht abschütteln, schließlich hat der Homo sapiens mehr als 99 Prozent seiner Geschichte als nomadisierender Wild- und Feldbeuter auf der Kulturstufe der Steinzeit verbracht. Von unserem Erbmaterial her sind wir eher für ein Leben in der Savanne ausgerüstet als für Straßenverkehr, Smartphones und Supermärkte.

Und so bleibt eine innere Alarmbereitschaft, die wir von unseren Urahnen geerbt haben. Sie treibt uns an, die Umgebung laufend auf negative Signale abzusuchen. Da genügt schon ein unfreundlicher Blick des Nachbarn, um das Alarmsystem in Gang zu setzen und die Stresshormone zirkulieren zu lassen. Eine schlechte Erfahrung kann einem den ganzen Tag vermiesen, auch wenn ihr zehn gute gegenüberstehen. Katastrophenphantasien schießen selbst beim nichtigsten Anlass ins Kraut. Kritik kann zutiefst verletzen, ein Kompliment dagegen wird leicht überhört oder nicht ernst genommen.

Es ist nun einmal so: Wir stammen eher von den Nervösen, Ängstlichen und Vorsichtigen ab als von den Sorglosen und Unbedarften, welche die Risiken unterschätzt und dafür mit dem Leben bezahlt haben. Die Angst ist Teil unserer Natur. Sie mag oft ein negativ verzerrtes Bild der Wirklichkeit zeichnen, sie hat die Menschen aber auch zur nötigen Vorsicht veranlasst und zu kreativen Höchstleistungen angespornt.

»Die Angst lähmt nicht nur«, schreibt der Philosoph Sören Kierkegaard, »sondern enthält die unendliche Möglichkeit des Könnens, die den Motor menschlicher Entwicklung bildet.« Das sollte Grund genug sein, uns mit dieser unerwünschten Begleiterin auszusöhnen – allerdings ohne uns von ihr bestimmen zu lassen. Ein guter Umgang mit der Angst setzt auch eine gewisse Distanz zu ihr voraus.

Also keine Angst vor der Angst, aber Mut, ihr mit Gelassenheit zu begegnen! Denn: »Wer gelernt hat, auf die rechte Weise Angst zu haben, hat das Höchste gelernt« (Kierkegaard).

Gehirn und Glück

Jeder Mensch ist ein lebendes Archiv seiner Vergangenheit. Unzählige Erfahrungen, Eindrücke und Einsichten aus früheren Jahren und Jahrzehnten sind in ihm gespeichert. Im Keller des Archivs befindet sich zudem ein Erfahrungswissen, das sich die Gattung Homo samt ihren tierischen Vorfahren während Jahrmillionen angeeignet hat. Wir tragen die ganze stammesgeschichtliche Vergangenheit in uns.

Zu den ältesten Archivbeständen gehört der Reflex, Leiden und Schmerzen zu vermeiden. Dieser Impuls ist allen Lebewesen gemeinsam. Er ist im entwicklungsgeschichtlich frühesten Teil des Hirns angesiedelt, dem Hirnstamm. Die Abwehr von Leiden steuert weitgehend das menschliche Verhalten. Doch die Abwesenheit von Leiden bedeutet nicht automatisch auch Glück.

Das Glück genießt in der Evolution keine Priorität. Da geht es zuerst und vor allem um die Sicherung der Existenz und die Erhaltung der Art. Kein Lebewesen braucht so etwas wie Glück, um existieren zu können. Von unseren evolutionären Wurzeln her sind wir weit besser für die Abwehr von Leiden ausgerüstet als für die Bereitschaft zum Glücklichsein.

Das mag all jene trösten, die nicht ganz so glücklich sind (und sich deswegen vielleicht sogar Vorwürfe machen, was ihr Unglücklichsein nur noch verstärkt). Wir sind nun mal so gestrickt, dass wir den Schmerz stärker wahrnehmen als die Freude, das Unangenehme stärker als das Angenehme, den Mangel stärker als die Fülle.

Das beginnt schon bei der Sprache. Positive Rückmeldungen werden oft negativ formuliert: »Es war nicht schlecht.« Ein seltsam verpacktes Kompliment. Direkter und auch netter wäre es doch zu sagen: »Es war gut.«

Schätzungen zufolge sind von hundert Gedanken nur etwa vier wirklich positiv, ein Drittel ist neutral – und der ganze große Rest ist eher negativ. Über die exakten Zahlen mag man streiten, aber die Tendenz ist deutlich: Das Unerfreuliche drängt sich ständig und laut in den Vordergrund. Ein tibetisches Sprichwort sagt: Ein Baum, der fällt, macht mehr Krach als ein Wald, der wächst.

Der Wald wächst trotzdem! Gewiss, Leben heißt *auch* Leiden, aber nicht nur. Es bietet eine große Palette an Möglichkeiten, vor allem in den reichen Gesellschaften des Nordens. Einiges läuft tatsächlich schief, aber vieles läuft auch gut, und das so selbstverständlich, dass es kaum beachtet wird. Unzählige Faktoren tragen von früh bis spät dazu bei, unser Dasein zu ermöglichen und angenehm zu gestalten.

Wer genau hinschaut und zu zählen beginnt, wird nie an ein Ende kommen. Ein paar Stichworte nur: die ausgeklügelte Selbstorganisation des Körpers, das zu unseren Gunsten austarierte Gleichgewicht der kosmischen Kräfte, das Licht der Sonne und die Früchte der Erde, die anderen Menschen, die Vorzüge und Einrichtungen der modernen Zivilisation, der frische Kaffee am Morgen und das warme Bett am Abend – und so weiter und so fort. Zu viel des Guten? Nein. Aber erstaunlich viel Gutes.

Doch der unruhige Geist ist mit anderem beschäftigt: Er sucht nach Lücken im Gewebe der Annehmlichkeiten, nach dem, was scheinbar oder tatsächlich fehlt. Der Jäger und Sammler drängt zum Aufbruch. Es muss neue Nahrung herbeigeschafft werden, genug ist nie genug.

Und so dreht sich das Rad immer weiter, angetrieben von einem nagenden Gefühl des Mangels. Das ist gut für die Wirtschaft, die ständig neue Bedürfnisse weckt. Und das ist schlecht für den Menschen, der einem Glück hinterherjagt, das in dem Moment zu verblassen beginnt, wo das Objekt der Begierde erreicht wird. »In dieser Welt gibt es nur zwei Tragödien«, stellt Oscar Wilde fest: »Die eine ist, nicht zu bekommen, was man möchte, und die andere ist, es zu bekommen.«

Diese Beobachtung macht nicht unbedingt glücklich. Aber sie kann verhindern, das Glück am falschen Ort zu suchen.

Ich halte mich da gerne an einen einfachen Satz, den ich einmal aufgeschnappt habe: Achte auf das, was du hast – und nicht auf das, was dir fehlt. Ein solcher Satz kann Wunder wirken. Er ist beste Seelenmedizin. Damit er mir nicht entschwindet, habe ich ihn hier notiert. Wenn Sie ihn weitersagen, kann er auch in Ihrem Gehirn Wurzeln schlagen und manch schöne Blüte tragen.

Die Farbe der Gedanken

Kein anderes Lebewesen denkt so viel wie der Mensch. In einem ununterbrochenen Strom ziehen uns von früh bis spät Gedanken durch den Kopf, wichtige und unwichtige, kluge und weniger kluge, konstruktive und negative. Die meisten nehmen wir gar nicht bewusst wahr. Unser Befinden beeinflussen sie trotzdem.

Denken ist ein stummes Selbstgespräch oder, wie Platon sagt, »das innere Gespräch der Seele mit sich selbst«. Die mittelalterliche Philosophie vertritt die Auffassung, dass es in einer eigenen Sprache des Geistes, einer *lingua mentis,* stattfindet (heute heißt sie *language of thought*). Diese besteht weniger aus Worten als aus Bildern.

Platon spricht vom »inneren Schreiber« und vom »inneren Maler«. Eine schöne Vorstellung. Allerdings: Ein Schreiber kann mal Pause machen, ein Maler den Pinsel beiseitelegen. Unser Denkapparat aber rattert unablässig.

Wer versucht, nur für eine einzige Minute gar nichts zu denken, wird gleich merken, dass dies kaum geht. Der Fluss der Gedanken lässt sich nicht willentlich aufhalten. Mit etwas Übung und viel Aufmerksamkeit ist es aber möglich, ihn zu verlangsamen und zu kanalisieren. Zwischendurch gibt es sogar kurze Momente der Gedankenstille, der reinen Präsenz. Sie sind selten, entsprechend kostbar – und immer flüchtig. Die Natur hat es anders eingerichtet: Der Mensch soll, darf, kann denken. Das ist seine Aufgabe und seine Verantwortung, seine Chance und seine Gefährdung.

Zusätzlich verfügt der Homo sapiens über eine Fähigkeit, wie sie kein anderes Lebewesen sonst kennt: Er kann innerlich einen Schritt zurücktreten und sich selber beim Denken zuschauen; beobachten, wie die Gedanken kommen und gehen; beurteilen, ob sie auch wahr sind (was oft nicht der Fall ist); und entscheiden, ob sie Beachtung verdienen oder nicht.

Eine bekannte, oft zitierte Lebensweisheit lautet: »Achte auf deine Gedanken, denn sie werden deine Worte. Achte auf deine Worte, denn sie werden deine Handlungen. Achte auf deine Handlungen, denn sie werden deine Gewohnheiten. Achte auf deine Gewohnheiten, denn sie werden dein Charakter. Achte auf deinen Charakter, denn er wird dein Schicksal.«

Dieser Spruch wird einmal dem jüdischen Talmud, dann einem unbekannten chinesischen Autor oder auch Mahatma Gandhi zugeschrieben, was zeigt, wie universal er ist. In Wirklichkeit stammt er von Charles Reade, einem englischen Schriftsteller des 19. Jahrhunderts, der in wenigen Zeilen zusammenfasst, was die Weisen verschiedener Zeiten und Kulturen gelehrt haben.

Ein solcher Spruch mag etwas mechanistisch sein, im Leben greift bekanntlich nicht ein Rädchen ins andere. Da spielen zahlreiche äußere Faktoren mit, die sich nicht immer beeinflussen lassen. Aber die Richtung stimmt: Gedanken wirken sich auf das Befinden und das Verhalten aus. Mit der Zeit, so der römische Philosoph Marc Aurel, nimmt die Seele die Farbe der Gedanken an.

Heute wissen wir: Gedanken erzeugen messbare Auswirkungen im Gehirn. Sie verändern die neuronalen Schaltkreise und lösen im Körper eine Reihe von chemischen Reaktionen aus. Und sie hinterlassen Spuren im Gestrüpp der Neuronen. Wenn ein Gedanke häufig wiederkehrt, wird aus der Spur ein Trampelpfad und aus dem Trampelpfad schließlich eine Straße. So verfestigen sich Meinungen, Vorstellungen und Weltbilder. »Jedes Gehirn«, erklärt der Neurobiologe Manfred Spitzer, »ist das Protokoll seiner Benutzung.«

Was denken Sie jetzt gerade? Schon diese Frage versetzt Millionen von Nervenzellen in Ihrem Kopf einen Stromstoß und verändert die Biochemie Ihres Körpers. Und auch wenn Sie es nicht bemerken: Sie sind nach diesem Gedanken nicht mehr ganz derselbe oder dieselbe wie vorher.

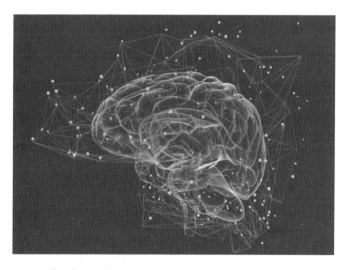

Ein Kopf voller Gedanken. In ihnen begegnen sich Mensch und Welt. Gedanken sind physikalisch betrachtet elektrische Signale, welche die Nervenzellen untereinander austauschen. Doch was einen Gedanken ausmacht, ist sein Inhalt, und den verraten die physikalischen Signale nicht.

Der siebte Sinn

Wir wissen mehr, als wir denken. Es gibt ein inneres Wissen, das sich in den stammesgeschichtlich älteren Hirnbereichen verbirgt, insbesondere im limbischen System: die *Intuition*. Sie meldet sich im sogenannten Bauchgefühl. Das kann eine Idee sein, die scheinbar aus dem Nichts auftaucht, eine Ahnung, die sich nicht begründen lässt, eine Eingebung, die sich ohne logische Herleitung einstellt. Die Intuition wird auch als Spürsinn bezeichnet und gilt als unser siebter Sinn.

Die Intuition signalisiert, was eine Situation für uns bedeuten könnte, welche Atmosphäre in einem Raum herrscht und ob wir einem Menschen trauen können oder nicht. Spontan verbindet sie Empfindungen und Erfahrungen zu einem Gesamteindruck, sodass wir entscheiden können, ohne alle Einzelheiten zu kennen. Das ist besonders in unübersichtlichen Momenten von Bedeutung, wenn der Verstand überfordert ist. Der Spürsinn ist in der Lage, unzählige Informationen gleichzeitig zu verarbeiten.

Unsere Urahnen mussten sich in vielen Situationen auf ihr Gefühl und den ersten Eindruck verlassen können, etwa um zwischen Freund und Feind zu unterscheiden. Heute steuert der siebte Sinn uns einigermaßen verlässlich durch eine zunehmend unübersichtliche Welt. Wer weiß, wie viele Schwierigkeiten uns schon erspart geblieben sind, weil wir unbewusst seiner leisen Stimme gefolgt sind! Es müssen unzählige sein. Erfahren werden wir es nie. Der siebte Sinn arbeitet diskret.

Er meldet sich als unbestimmtes Gefühl, das uns anzeigt, was gut ist für uns und was nicht, was wir tun und was wir lassen sollen. Ohne diese subtile Steuerung würden wir uns im täglichen Durcheinander kaum zurechtfinden. Sie beeinflusst die vielen kleinen und größeren Entscheidungen und erlaubt es, unmittelbar und spontan auf die wechselnden Anforderungen zu reagieren.

Die Wissenschaft kennt unterdessen auch eine Erklärung für die Wirkungsweise dieser unbewussten Kraft: Die Intuition greift auf ein verborgenes, von der Erfahrung genährtes inneres Wissen zurück; ein Wissen, von dem der Verstand nichts weiß. Auch wenn es merkwürdig scheint: Wir wissen gar nicht, was wir alles wissen!

Entscheidungen, die intuitiv, aus dem Augenblick heraus, getroffen werden, müssen nicht schlechter sein als solche, denen ein langes Abwägen von Pro und Kontra vorausgeht. Eine Reihe von Experimenten zeigt, dass gründliche Analysen nicht immer zu einer besseren Urteilsfähigkeit führen. Manchmal ist sogar das Gegenteil der Fall.

Oft ist es aber auch gut, sich mit einem Entschluss etwas Zeit zu lassen – vorausgesetzt, die Umstände erlauben es – und eine Nacht darüber zu schlafen: nicht um sich im Bett zu wälzen und zu grübeln, sondern um dem siebten Sinn Raum und Zeit zu geben. »Aufgeschobene intuitive Entscheidung« nennt der Hirnforscher Gerhard Roth diese Strategie, welche rationale Erwägungen und emotionales Erfahrungswissen in Einklang bringt.

Das rationale Denken arbeitet zwar präzise, seine Kapazität ist aber beschränkt. Es kann nur relativ wenige Aspekte eines Sachverhalts berücksichtigen und stößt in verwickelten Situationen bald an Grenzen. Das Unbewusste vermag ungleich viel mehr Daten gleichzeitig zu verwerten. Deshalb darf man bei komplizierten Entscheidungen durchaus auch der Intuition vertrauen.

Genau genommen geht es nie ohne diese unterschwellige Verarbeitung von Informationen. Selbst wo eine Entscheidung gründlich durchdacht wird, spielt der Spürsinn leise und verborgen mit.

Wer denken will, muss auch fühlen können.

Die Stärke der Stillen

Die lauten, selbstbewussten Draufgänger haben Geschichte geschrieben. Das ist seit Jahrtausenden so – und doch nur die halbe Wahrheit. Es braucht nämlich auch die anderen: die Leisen und Bedächtigen. Sie bleiben meist im Hintergrund, wie das so ihre Art ist. Doch ohne sie gäbe es uns heute nicht, wie ein Blick in die Geschichte der Evolution zeigt. Sie bilden den notwendigen Gegenpol zu den dynamischen Machern. Die beiden Temperamente benötigen einander und ergänzen sich.

Man könnte meinen, dass jene, die nicht so viel Lärm veranstalten, es schwer hätten, sich im Überlebenskampf zu behaupten. Das sieht nach außen vielleicht so aus, stimmt genau besehen aber nicht. Nur ist die wahre Stärke der Stillen nicht so offensichtlich: Sie liegt in ihrem ausgeprägten Wahrnehmungsvermögen. Mit ihren feinen Antennen registrieren sie auch die unscheinbaren Signale und die leisen Zwischentöne. Sie sehen, hören und spüren manches, was anderen entgeht. Sie stürmen nicht gleich los, sondern sammeln zuerst einmal Informationen, beobachten, überlegen und warten den geeigneten Augenblick ab, bevor sie handeln.

Von außen gesehen mag ihr Verhalten zögerlich und ängstlich erscheinen, doch dieses behutsame Vorgehen hat sich im harten evolutionären Selektionsprozess als Vorteil erwiesen: Gefahren werden früher wahrgenommen, Entscheidungen sorgfältiger geprüft, Energien und Kräfte besser eingeteilt. Wer die Klippen kennt, kann sie umschiffen und kommt am Ende sicher ans Ziel.

Bei den Tieren ist es übrigens genauso. Auch sie brauchen die stillen Naturen in ihren Reihen. Evolutionsbiologen stellen fest, dass Herdentiere im Vorteil sind, wenn einige der Herdenmitglieder bei der Nahrungssuche regelmäßig innehalten und nach möglichen Feinden Ausschau halten.

In vielen alten Kulturen haben die Herrscher vor wichtigen Entscheidungen Rat bei stillen Menschen gesucht, bei Weisen, Priestern und Künstlern. Diese verkörperten die Stimme von Klugheit, Vernunft und Phantasie. Ein König war wohlberaten, solche Menschen um sich zu haben, bevor er in den Krieg zog.

Ob Tier oder Mensch: Die impulsiven Kämpfernaturen sind auf die sensiblen Artgenossen angewiesen – und umgekehrt. Es braucht beide. Ohne die Draufgänger, welche sich auf die Jagd gemacht haben, wären die Menschen verhungert. Und ohne die Bedächtigen, welche rechtzeitig das verdächtige Knacken im Gebüsch vernommen haben, hätte der Säbelzahntiger die Jäger gefressen. Beide Temperamente haben ihren Platz und ihre Bedeutung im evolutionären Prozess. Zusammen sind sie stark.

In kritischen Momenten haben die Stillen viel zu sagen. Und was sie sagen, ist wohlüberlegt. Sie geben nicht vor, etwas zu wissen, wenn sie sich ihrer Sache nicht ganz sicher sind. Lieber stehen sie dazu, es nicht zu wissen. Ihre Skepsis schützt sie vor falschen Gewissheiten. Ihre Zurückhaltung bewahrt sie vor überstürzten Handlungen. Auch haben sie kaum die Tendenz, sich zu überschätzen. Im Gegenteil, sie neigen eher dazu, ihre Stärken und Möglichkeiten zu unterschätzen. Aufs Ganze gesehen verfügen sie über einen besseren Realitätssinn als ihre extrovertierten Zeitgenossen.

Das hört sich jetzt nicht nur an wie ein Plädoyer für die Stillen – es ist auch eines. Ich bin da parteiisch, schließlich zähle ich mich selber zu ihnen. Nichts gegen die Extrovertierten und Lauten. Aber wir Introvertierten sollten uns im Vergleich mit ihnen nicht klein machen. Sie brauchen uns genauso, wie wir sie brauchen. Und es ist gut, wenn beide das wissen.

Intermezzo: Der Philosoph und das Meer 2

Eines Abends nimmt der Vater den kleinen Jungen bei der Hand und geht mit ihm an den Strand. Das Meer hat sich weit zurückgezogen, es ist die Zeit der Ebbe. Die beiden spazieren lange über den frischen, reingewaschenen Sand aufs Wasser zu. Die Sandflächen glänzen im abendlichen Licht. Das Kind entdeckt Muscheln, Quallen und Seesterne, derweil das Sonnenlicht auf der Meeresoberfläche eine leuchtende Spur zieht. Ein magischer Moment, der Junge fühlt sich wie verzaubert.

Im Rückblick erzählt Karl Jaspers, wie ihn die Ausflüge mit seinen Eltern auf die Ostfriesischen Inseln geprägt haben. Ohne darüber nachzudenken, habe er damals erfahren, wie sich beim Anblick des Meeres alles Feste und Geformte auflöst. Das Meer, so bemerkt er später, ist die anschauliche Gegenwart des Unendlichen.

Seit Kindertagen steht Jaspers' Leben im Zeichen einer Krankheit, die schließlich als unheilbare Bronchialerweiterung diagnostiziert wird. Früh wird er sich der eigenen Zerbrechlichkeit bewusst. Er erfährt die Grenzen, die ihm gesetzt sind, und ahnt die Brüchigkeit des Daseins.

Die Krankheit wirft ihn auf sich selber zurück. Mit den Jahren entdeckt er, dass diese Begrenztheit sein Leben nicht nur behindert, sondern auch erweitert und vertieft. An der Grenze kommt der Mensch sich am nächsten. Hier muss er innehalten – aber nicht stehen bleiben. Denn es gibt mehr als die Grenze. Es ist möglich, aus sich selber herauszutreten. Das meint auch das lateinische Wort »ex-sistere«: »heraus-stehen«.

Wer über die eigene Existenz nachdenkt, betrachtet sich sozusagen von außen. Dabei zeichnet sich eine größere Wirklichkeit ab. Sie ist der ferne Horizont und der tragende Grund zugleich. Aus ihr erwächst eine unbegreifliche, aber starke Gewissheit, aufgehoben und frei zu sein.

So kann der Philosoph seinen Weg gehen, ohne das Ziel zu kennen. Die offene Bewegung des Geistes führt aus den festen Gehäusen hinaus ins Freie. Die Gehäuse sind aus Überzeugungen und Vorstellungen gezimmert. Sie versprechen Schutz und Sicherheit in den Stürmen des Lebens. Aber sie engen auch ein und versperren den Blick in die Weite.

Deshalb das Meer! Es verlockt zum Aufbruch und zum Auszug. Es öffnet die Welt auf das Unbekannte hin. Nichts ist zu sehen außer Wasser und Himmel. Gerade aus diesem Nichts aber spricht für den Philosophen das eigentliche Sein. Es »zieht uns nach allen Seiten ins Unbegrenzte«. Es ist das Umgreifende und Absolute. Es ist die letzte Wirklichkeit, nach der die Philosophie sucht, ohne sie je einholen zu können.

Wer über das Leben nachdenken will, muss das Unendliche zum Maßstab nehmen, meint Jaspers. Nur so ist das Endliche als endlich und das Begrenzte als begrenzt zu erkennen. Nur vom Unendlichen her ist unsere endliche Existenz letztlich zu verstehen.

Und allein die Annäherung an das nie zu fassende Unendliche hilft, der Unsicherheit alles Endlichen mit Gelassenheit zu begegnen.

Auf solche Gedanken kommt, wer sich im Schauen dem Meer überlässt. Die Wellen steigen auf und versinken wieder, einmal sanft und kaum sichtbar, dann wieder wild und bewegt. Und irgendwo in der Ferne, wie ein stilles Versprechen, der Horizont. Er zieht eine feine Linie und deutet an, dass dahinter etwas verborgen sein muss. Aber was? Das bleibt sein Geheimnis. Der Horizont wandert und wandelt sich mit jenen, die ihn suchen.

Und so geht die Suche weiter. Bis ans Ende der Meere und darüber hinaus. Es gibt nichts zu erreichen. Weitergehen genügt. Und schauen. Und staunen. Und fragen.

Das ist gelebte Philosophie, existenziell eingefärbte Liebe zur Weisheit. Die Sinnsuche macht den Menschen zum Menschen.

3 Kreativität begegnet Realität: Wie die Welt im Kopf entsteht

Unsere sichtbare Welt ist
wie die Oberfläche eines tiefen Ozeans.
Wir schaukeln mit unseren Booten auf den Wellen
und sehen nicht, was darunter liegt.
Aber darunter erstreckt sich eine unendlich tiefe
Realität, über die wir so gut wie nichts wissen.
Wir fangen jetzt erst an, das alles zu untersuchen.

Herms Romijn, Neurowissenschaftler

Der beste Lotse

Zu den ältesten Tieren dieser Erde gehören die Schwämme. Seit vielen hundert Millionen Jahren bewohnen sie die Ozeane. Sie haben keine Augen, keine Nase, keine Ohren, kein Herz und kein Hirn. So kann man auch leben, allerdings ziemlich eingeschränkt. Schwämme hocken in stoischer Ruhe auf dem Meeresgrund und tun fast nichts. Das muss ziemlich langweilig sein, doch weil sie kein Hirn besitzen, können sie sich auch nicht langweilen (was vielleicht der einzige Vorteil eines hirnlosen Daseins ist).

Schwamm drüber! Die Evolution ist vorangekommen und hat in den Jahrmillionen seit den ersten Schwämmen unzählige Lebewesen hervorgebracht. Am vorläufigen Ende steht eines, das über Sinnesorgane, Herz und Hirn und noch einiges mehr verfügt. Ein Schwamm verweilt für einige tausend Jahre still am Boden, dieses hoch entwickelte Wesen dagegen kann kaum noch eine Minute stillsitzen. Kein Wunder, schließlich wird es von außen auch dauernd mit Reizen überflutet. In jeder Sekunde prasseln Millionen von Eindrücken auf unser Nervensystem ein: Empfindungen, Geräusche, Gerüche und Bilder. Eine unvorstellbare Flut!

Damit wir von ihr nicht auf der Stelle weggespült werden, verarbeitet das Gehirn fast alles auf der Ebene des Unbewussten. Das Bewusstsein vermag nur etwa 40 Sinneseindrücke pro Sekunde zu verarbeiten, der ganze Rest wird im Autopilot-Modus erledigt. So verschwinden in jeder Sekunde Millionen von Daten in den tieferen, dem bewussten Erleben nicht mehr zugänglichen Gehirnregionen.

Die 40 Eindrücke, die ans Bewusstsein weitergeleitet werden, machen das aus, was wir als Wirklichkeit wahrnehmen. Es ist eine stark gefilterte Wirklichkeit, ein winziger Bruchteil dessen, was tatsächlich ist.

Spüren Sie den Stoff der Hose an Ihren Beinen? Jetzt natürlich schon, wo Sie darauf achten. Doch auch vorher hat das Gehirn die entsprechende Empfindung laufend registriert, aber für unwichtig befunden und aussortiert. »Kreative Müllbeseitigung« nennt der Neurobiologe Ernst Pöppel diese permanente Selektionsleistung, ohne die wir gar nicht existieren könnten.

In dieser Hinsicht ist das Gehirn jedem Computer weit überlegen. Kein noch so raffinierter Rechner schafft es, im Sekundentakt Millionen von Impulsen zu einem einheitlichen Bild der Welt zu verarbeiten. Aber jeder Organismus, vom einfachsten Insekt über die Maus bis zum Menschen, tut das von früh bis spät. Das Gehirn durchsiebt den Schwall von Reizen und Signalen, um das Wesentliche herauszufiltern, Muster zu erkennen und das Ganze zu einem Gesamteindruck zu verbinden. So finden Menschen sich in der hektischen Betriebsamkeit einer Großstadt einigermaßen zurecht, ein Computer dagegen wäre restlos überfordert.

Die Überlegenheit eines Lebewesens gegenüber der Maschine hat einen einfachen Grund: Sein Nervensystem ist nicht am Reißbrett konstruiert worden. Ein Computer arbeitet nach fest definierten Regeln, den sogenannten Algorithmen. Dabei errechnet er eine Information nach der anderen. Das führt selbst bei einfachen Aufgaben zu Tausenden von Rechenschritten. Und schleicht sich irgendwo ein kleiner Fehler ein, ist das Ergebnis unbrauchbar.

Ein Gehirn arbeitet viel flexibler. Es kann über die neuronalen Netzwerke viele Informationen gleichzeitig aufnehmen und parallel auswerten. Dabei verrechnet es sich zwar ständig, doch weil Milliarden von Nervenzellen am Werk sind, werden diese Fehler sogleich ausgeglichen und korrigiert.

Um die Sinneseindrücke bewerten zu können, vergleicht das Gehirn sie mit dem im Gedächtnis gespeicherten Vorwissen. Zudem sucht es dauernd nach Mustern und Verbindungen. Wo etwas fehlt, ergänzt es die vorhandenen Eindrücke und dies so raffiniert, dass wir die kleine Täuschung gar nicht bemerken. Das Gehirn bildet die Welt nicht nur ab, es erschafft sie auch.

Ein Computer rechnet zwar besser und schneller, kann aber nur das verarbeiten, was sein Programm auch vorsieht, also relativ wenig. Das etwas rechenschwache Gehirn dagegen passt sich den wechselnden Herausforderungen ständig an, indem es die Netzwerkverbindungen entsprechend verändert und neue Möglichkeiten ausprobiert.

Aus Fehlern wird man bekanntlich klug, und das gilt auch für dieses geniale Organ, das uns trotz seiner Unvollkommenheit als verlässlicher Lotse durch eine mächtige Flut von Signalen, Reizen und Sinneseindrücken navigiert. Das ist eine kybernetische Spitzenleistung, in die Sprache des Herzens übersetzt: ein alltägliches Wunder.

Wahrnehmung und Wahrheit

Es ist kaum zu glauben, aber trotzdem wahr: Alles, was wir sehen, hören, riechen, schmecken und fühlen, muss in Wirklichkeit gar nicht so vorhanden sein! Es kann auch sein, dass wir uns permanent täuschen.

Wir sehen Farben – doch die Wissenschaft sagt: In der Welt draußen gibt es keine Farben, sondern nur Licht in verschiedenen Wellenlängen, das unser Wahrnehmungsapparat in Farben übersetzt.

Wir hören Musik – doch die Wissenschaft sagt: In der Welt draußen gibt es keine Musik, sondern nur Luftdruckschwankungen, die von den Ohren gemessen und vom Gehirn in Töne und Klänge verwandelt werden.

Wir spüren Kälte oder Wärme – doch die Wissenschaft sagt: In der Welt draußen gibt es keine Temperaturen, sondern nur Moleküle, die mit mehr oder weniger Energie durch den Raum schwirren und uns schwitzen oder frösteln lassen.

Kann man der eigenen Wahrnehmung denn überhaupt noch trauen?

Ja, wenn es um die ganz alltäglichen Dinge geht. Licht und Farben, Stimmen und Musik, Kälte und Wärme: All das gibt es – *für uns*. Die Wirklichkeit, wie wir sie wahrnehmen, entsteht in der Beziehung zwischen uns und unserer Umgebung. Die Sinnesorgane wandeln die äußeren Reize in Nervenimpulse um, und mit diesen Informationen erschafft das Gehirn unser Bild der Welt. Ohne diese Konstruktionsleistung hätte die sinnlich erfahrbare Welt keine der Eigenschaften, die wir ihr zuschreiben.

Und das Gehirn gibt sich alle Mühe, uns ein kohärentes Bild zu präsentieren. Es übersetzt und retuschiert fleißig. Ein Apfel, der draußen im Sonnenlicht rot erscheint, bleibt rot, wenn er drinnen im bläulichen Licht einer Energiesparlampe oder im Schein einer Kerze betrachtet wird – obwohl die von ihm reflektierten Wellenlängen des Lichts jeweils ganz andere sind. Das Gehirn kennt die für unsere Vorstellung richtige Farbe und korrigiert automatisch die Wahrnehmung. Ohne diese Retuschen würde ein Objekt ständig seine Farbe wechseln; der Apfel wäre mal rot, dann blau oder gelb. Die ganze sichtbare Welt erschiene als unruhig flackerndes Gebilde vor unsern Augen.

Da können wir froh sein um das innere Bildbearbeitungsprogramm, das uns mit seinen Nachbesserungen eine stabile Wirklichkeit präsentiert. Es zeigt die Welt nicht so, wie sie ist, sondern so, dass wir uns in ihr zurechtfinden. Die Frage nach der Welt *an sich* ist dem Gehirn ziemlich egal. Was zählt, ist einzig der biologische Imperativ: Überleben!

Feste Materie? Eine Täuschung! Wenn wir ihre wahre Natur sehen könnten, würde sie sich buchstäblich in Luft auflösen – Materie besteht zu über 99 Prozent aus leerem Raum, wie die Physik heute weiß. Die physikalische Welt würde vor unseren Augen in vibrierende Energiefelder zerfallen. Es gäbe keinen Halt und keine Orientierung mehr. Eine schreckliche Vorstellung.

Der britische Astrophysiker Arthur Stanley Eddington nimmt es mit Humor. »Nichts ist wirklich, nicht einmal die eigene Frau«, erklärt er und fügt mit einem Augenzwinkern hinzu: Ein Physiker sei heute versucht, in seiner

Frau nur eine ziemlich komplizierte Differenzialgleichung zu sehen (und hoffentlich taktvoll genug, ihr das nicht zu verraten).

Auch wenn für diesen Physiker nichts wirklich ist, wird er trotzdem essen, arbeiten und seiner Frau gelegentlich eine Blume nach Hause bringen – und zwar in der vertrauten dreidimensionalen Welt, obwohl er weiß, dass die Welt mindestens vier, möglicherweise aber auch zehn oder noch mehr Dimensionen aufweist. Im täglichen Leben braucht er sie nicht. Und seine Frau wird auch froh sein, wenn ihr Gatte zwischendurch wieder in den Niederungen des Alltags Fuß fasst.

Was wir bewusst erleben, ist ein winzig kleiner Ausschnitt aus einer unendlich großen physikalischen Wirklichkeit. Die Sinne vermögen nie alles aufzunehmen und der Verstand schon gar nicht. Dafür gibt es einfach viel zu viel Welt! Die Verarbeitung der Außenreize beschränkt sich auf jene Informationen, die sich in der Evolution als lebenswichtig erwiesen haben.

»Der Mensch ist das Maß aller Dinge«, erklärt der antike griechische Philosoph Protagoras. Das hört sich überheblich an, ist aber nicht so gemeint, ganz im Gegenteil. Protagoras ist nämlich der Ansicht, dass wir die Welt nur so wahrnehmen können, wie sie uns erscheint – und nicht so, wie sie an sich ist. Damit liegt er richtig, wie wir heute wissen.

Auf diesem Bild ist ein weißes Dreieck (mit der Spitze nach unten) zu erkennen. Dieses weiße Dreieck gibt es in Wirklichkeit gar nicht. Das Bild zeigt nur Linien und Kreissegmente. Das weiße Dreieck entsteht in unserem Kopf. Und dort bleibt es. Selbst jetzt, wo wir das wissen, ist es nicht möglich, nur die Linien und Kreissegmente zu sehen. Das Beispiel zeigt: Wir nehmen die Wirklichkeit nicht so wahr, wie sie ist, sondern so, wie das Hirn sie uns präsentiert.

Eine unsichtbare Dunkelheit

Alle paar Sekunden verschwindet die Welt. Es wird schwarz vor unseren Augen. Wo eben noch Menschen, Häuser und Bäume zu sehen waren, ist nichts mehr. Rein gar nichts. Und wir merken es nicht einmal! Alles nimmt scheinbar seinen gewohnten Lauf. Wir meinen immer noch, Menschen, Häuser und Bäume zu sehen. Doch wir täuschen uns. Es ist wirklich schwarz. Allerdings nur für den Bruchteil einer Sekunde – und schon ist alles wieder da. Dieser Wechsel geschieht dermaßen schnell, dass uns das dunkle Zwischenspiel schlicht entgeht.

Das vorübergehende Verschwinden der Welt hat mit unserer Gewohnheit zu tun, reflexartig zu blinzeln. Das Auge braucht Feuchtigkeit, um nicht auszutrocknen; der regelmäßige Lidschlag sorgt für die Verteilung der Tränenflüssigkeit auf der Hornhaut. Zugleich funktionieren die Augenlider wie Scheibenwischer und putzen kleinsten Dreck weg, damit uns wortwörtlich nichts ins Auge gehen kann.

Zehn- bis zwanzigmal heben und senken sich die Lider pro Minute, und wir sind zusammengezählt während etwa sechs Sekunden sozusagen blind.

Die vielen Dunkelphasen registriert aber kein Mensch. Zum Glück! Es wäre furchtbar anstrengend, wenn die sichtbare Welt unaufhörlich zwischen Sein und Nichtsein oszillieren würde. Die Natur hat es gut eingerichtet: Kurz vor dem Blinzeln schaltet das Gehirn die visuelle Wahrnehmung aus und verlängert einfach das bisher Gesehene in die dunkle Lücke hinein. So entsteht eine ununterbrochene Sicht der Wirklichkeit, ähnlich wie einzelne, schnell wechselnde Bilder einen Film ergeben.

Dasselbe geschieht, wenn Sie einmal ein Auge schließen. Sehen Sie jetzt einen schwarzen Fleck auf dieser Seite? Nein? Dann hat das Gehirn wie immer gute Arbeit geleistet. Eigentlich müssten Sie einen schwarzen Punkt im Sichtfeld wahrnehmen, denn er ist tatsächlich vorhanden und hat mit dem Aufbau der Netzhaut zu tun. Aber das Gehirn füllt die Lücke automatisch aus, damit Sie ungestört weiterlesen können.

Und so ist es auch mit dem Lidschlag: Obwohl wir meinen, alles zu sehen, fällt unser Blick jede Minute für insgesamt sechs Sekunden in ein schwarzes Loch, das umgerechnet zehn Prozent der sichtbaren Welt verschluckt. Doch das Gehirn ergänzt sofort die fehlenden Informationen, um uns ein zusammenhängendes Bild zu präsentieren. Und wir sind felsenfest überzeugt, hundertprozentig alles zu sehen! Eine Täuschung, aber eine durchaus sinnvolle: Wer möchte schon in einer löchrigen Neunzigprozentwelt leben?

Allein zum Benetzen der Hornhaut müssten wir übrigens gar nicht so häufig blinzeln, die Hälfte würde genügen. Nach einer Studie japanischer Forscher hat der Lidschlag aber noch eine weitere Aufgabe: Er teilt die optischen Eindrücke in Portionen auf, damit wir sie besser verarbeiten können. Das dauernde Öffnen und Schließen der Augenlider hilft, die Realität in verträglichen Dosen einzulassen. Welch kluge Einrichtung! So sorgt der Körper für eine ganz kurze Pause. Man könnte das frei übersetzt auch Meditation nennen, Lidermeditation.

Wenn Sie für die Lektüre dieses Kapitels jetzt drei Minuten gebraucht haben, dann haben Sie etwa zwanzig Sekunden lang nichts gesehen, keine Buchstaben, keine Wörter, keine Sätze, rein gar nichts – und trotzdem weitergelesen, als ob nichts gewesen wäre. Da war ja auch nichts, meldet das Gehirn, alles okay, die Welt nimmt ihren gewohnten Lauf, und Sie können ganz entspannt weiterlesen.

Übrigens: Die meisten Menschen neigen beim Lesen dazu, am Schluss eines Satzes zu blinzeln. Also jetzt.

Orientierung im Buchstabenwald

Rund 200.000 Schriftzeichen sind in diesem Buch versammelt – kleine grafische Symbole, die dank Ihrer Aufmerksamkeit zum Leben erweckt werden. Ihr Auge sieht die Buchstaben und übermittelt sie dem Hirn. Dieses übersetzt sie in Sprache. Wörter und Sätze entstehen. Die grafischen Zeichen werden lebendig, erhalten einen Inhalt, eine Bedeutung und einen Sinn. Das Ganze nennt man Lesen.

Das klingt einfach, ist in Wirklichkeit aber ein außerordentlich komplizierter Vorgang. Viele Bereiche des Gehirns müssen gleichzeitig aktiviert und koordiniert werden, und es ist erstaunlich, dass Menschen so etwas überhaupt erlernen können.

Wenn Sie jetzt diese Seite lesen, verarbeiten sie nicht alle Zeichen auf einmal. Sie konzentrieren sich auf jene Stelle, wo die momentan benötigte Information zu finden ist. Dabei wandert Ihr Blick von einem Zeichen zum anderen, überspringt aber auch ständig ein paar davon. Das Gehirn wählt nämlich gerne eine Abkürzung, indem es die einzelnen Buchstaben blitzschnell mit den Wörtern vergleicht, die es bereits gespeichert hat – und schon entsteht aus Lesvergügn ein Lesevergnügen.

Dieser Automatismus erleichtert den Lesefluss. Für einen Autor ist er allerdings nicht immer von Vorteil. Wenn sich nämlich ein Druckfehler einschleicht, ist die Chance groß, dass er bei der Durchsicht der Abzüge übersehen wird. Das Gehirn schaltet auf Autokorrektur und stellt augenblicklich richtig, was falsch auf dem Papier steht. Bei meinem ersten Buch hat sich schon im Klappentext ein grober Patzer eingeschlichen. Ich habe ihn nicht gesehen, eine Bekannte musste mich darauf aufmerksam machen. Ich bin erschrocken, habe mich geärgert – und später zu meiner Erleichterung festgestellt, dass außer der aufmerksamen Bekannten niemand den Fehler bemerkt hat. Dem still korrigierenden Hirn meiner Leserinnen und Leser sei Dank!

Alle Buchstaben und Worte in Ehren, aber sie allein machen einen Text noch nicht lesbar. Es braucht auch die Abstände zwischen den Wörtern, die leeren Zwischenräume. Es gab sie nicht immer. Bis ins Mittelalter wurden die Buchstaben noch ohne Trennung (und auch ohne Satzzeichen) übergangslos aneinandergereiht, womit eigentliche Wortbandwürmer entstanden. Um sie zu entziffern, musste man laut lesen.

Mit den Wortabständen begann dann das stille Lesen. Die Lücken ermöglichen es dem Auge, ein Wort auf Anhieb zu erfassen. Die Leere hilft, die Fülle der Buchstaben zu ordnen und Beziehungen zwischen den Wörtern und Sätzen herzustellen. Da steht zwar nichts, aber gerade dieses Nichts dient der Orientierung. Es braucht die sogenannten Leerzeichen (in diesem Buch sind es gut 30.000). Nur so können wir eine Übersicht gewinnen, Zusammenhänge entdecken und Bedeutungen erkennen.

Was für den Lesevorgang gilt, lässt sich übrigens auf jede andere Art der Kommunikation übertragen. Alles Verstehen braucht genügend Leerraum: Stille und Schweigen.

Von seiner Wortwurzel her heißt lesen »verstreut Umherliegendes aufnehmen und zusammentragen«. Als

Sammler oder Sammlerin ziehen Sie durch den Buchstabenwald, lesen aus und lesen auf, und so entsteht in Ihrem Kopf allmählich ein Text und damit auch ein Kontext. Bilder werden wachgerufen. Die schwarzen Zeichen eröffnen eine farbige innere Welt.

Lesen ist ein hochkomplexer Prozess mit einer beinahe mystischen Komponente. Da verbindet sich Sichtbares mit Unsichtbarem, Leere mit Fülle, Wort mit Schweigen. Und Lesen ist kreativ: Wer liest, macht sichtbar, »was die Schrift nur in Andeutungen und Schatten zu benennen weiß« (so der mittelalterliche orientalische Gelehrte al-Haytham/Alhazen).

Sie, liebe Leserin, lieber Leser, entwickeln weiter, was ich mit Buchstaben bloß andeute. Ohne Sie blieben meine Zeilen ein sinnloses schwarzes Zeichensystem. Sie färben den entstehenden Text ein: mit Ihren Erfahrungen, Ihren Gefühlen und Ihrem Wissen. Mit anderen Worten: Sie schreiben mit an diesem Buch. Es ist unser gemeinsames Werk. Vielen Dank für Ihre Mitarbeit!

Verkehrte Welt

Wir sehen die Welt so, wie wir es gewohnt sind. Diese Gewöhnung hat viel mit unserer evolutionären Vergangenheit zu tun, aber auch mit der persönlichen Geschichte und der Kultur, in der wir leben.

Manchmal braucht es wenig, um eine Sehgewohnheit in Frage zu stellen. Das zeigt die Geschichte eines gewissen Stuart McArthur. Als Austauschstudent im Ausland bekam er öfters zu hören, dass er »from the bottom of the world« komme, »vom untersten Rand der Welt« (oder auf gut Deutsch: »vom Hintern der Welt«). McArthur kam aus Australien, dem – aus europäischer Sicht – fünften Kontinent. Und der liegt auf der nordwärts gerichteten Weltkarte in der untersten Ecke rechts.

Doch McArthur war schlau. Er wusste sich zu helfen und zeichnete eine neue, nach Süden ausgerichtete Karte. Damit rückte der fünfte Kontinent in die obere Hälfte,

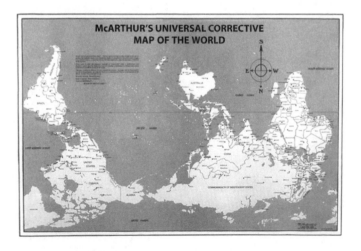

ganz außen an den linken Rand. Aber auch diese Randposition korrigierte der findige Student: Er verschob den Nullmeridian von Greenwich ins australische Canberra. Jetzt nahm Australien die Spitzenposition im Zentrum ein.

Erfolgreich hat McArthur die Welt auf den Kopf gestellt. Der Süden an der Spitze, der Norden unten, Australien ganz in der Mitte – und Europa als unbedeutender Fleckenteppich in der rechten unteren Bildhälfte.

Das Bild zeigt: Unsere eurozentrische Sichtweise ist nicht die einzig mögliche. Sie ist kulturell bedingt und geht auf die im Mittelmeerraum entstandenen Karten der griechisch-römischen Antike zurück. Zwingend ist diese Perspektive nicht. Sie ist eine von vielen. Man kann die Welt auch ganz anders sehen.

Und doch: Wenn wir McArthur's Karte betrachten, erscheint sie uns verkehrt. Um sie lesen zu können, drehen wir sie in der Vorstellung sogleich um.

Aber die Karte ist nicht verkehrt. Wir sind es einfach nicht gewohnt, die Erde aus der entgegengesetzten Perspektive anzuschauen. Die alten Sehgewohnheiten sind zu stark.

Jedes Weltbild beruht auf einer bestimmten Art, die Welt zu betrachten. *Was* wir sehen, hängt immer davon ab, *wie* wir sehen. Wahrnehmung ist kein passives Abbild der Wirklichkeit, sie ist ein schöpferischer Akt, eine Konstruktion des Geistes. Sie muss deswegen nicht falsch sein, aber sie ist immer relativ.

»Die gefährlichste aller Weltanschauungen ist die der Leute, welche die Welt nie angeschaut haben«: Dieser Ausspruch, der angeblich auf den Naturforscher Alexander von Humboldt zurückgeht, lässt sich erweitern: Gefährliche Weltanschauungen entstehen da, wo nie andere Perspektiven erprobt und einbezogen werden. Oder positiv formuliert: Wer die Welt in Gedanken auch umdrehen, verschieben und sogar auf den Kopf stellen kann, sieht sie richtig.

Intermezzo: Der Philosoph und das Meer 3

Der Wind treibt die Wellen in immer neuen Anläufen aufs Ufer zu, wo sie mit Getöse brechen. Das ewige Spiel von Werden und Vergehen. Das uralte Zwiegespräch zwischen Meer und Land. Seit vielen Jahrmillionen geht das so.

Am Meer, so denkt der Philosoph, ahnen wir den Ursprung. Da spüren wir die Kraft des Einen, der letzten, absoluten Wirklichkeit. Sie führt uns aus der Zerstreutheit zurück zu uns selbst. Dieses Eine ist unendlich fern, ungreifbar und unerkennbar. Und zugleich ist es ganz nah, spiegelt sich in den einzelnen Dingen wie die Sonne in einem Wassertropfen.

Das Eine ist ein diskreter Begriff für die unfassbare Dimension der Transzendenz. Es kann nicht gedacht werden, weil es im Denken gerade verlorengeht. Der Philosoph nähert sich dem Einen an, indem er über den Verstand hinausgeht - ohne ihn zu verlieren.

Und was geschieht? Das Denken löst sich auf. Eine große Ruhe stellt sich ein. Ein tiefes Vertrauen erwacht, das keine Begründung mehr braucht. An die Stelle der Worte und Bilder tritt das Schweigen vor dem Sein.

Im Bewusstsein des namenlosen Einen zu leben bedeutet Freiheit. Diese Freiheit wird von den Wellenschlägen der Zeit nicht mehr berührt. Sie gründet tiefer. Das Eine befreit von vielen Zwängen dieser Welt. Es schenkt Geborgenheit und Ruhe.

Der Philosoph belässt dieses undenkbare Eine in der Schwebe des Nichtwissens. Wenn es um Transzendenz geht, verspürt er eine große Skepsis gegenüber Sätzen, die ein Wissen vorgeben. Er meint, dass sie damit ihren Sinn verlieren. Er nimmt ernst, was das Alte Testament gebietet: Du sollst dir kein Bildnis machen.

Auch kein Bildnis vom Menschen! Karl Jaspers hat ursprünglich Psychiatrie studiert und die Methoden kennengelernt, mit denen die Medizin den Menschen zu vermessen sucht. Dabei hat er gespürt, dass sie nicht genügen, um das Eigentliche zu verstehen. Der Mensch ist vielschichtiger als die Erklärungen der Naturwissenschaften. Inneres Erleben lässt sich nicht auf organische Prozesse reduzieren. Eine Person ist kein Gegenstand. Keine geschlossene Endlichkeit, sondern offen auf das Unendliche hin.

Deshalb haben seelische Phänomene auch immer etwas Unfassbares. Sie lassen sich in kein Schema pressen. Analysen und Erklärungen genügen nicht. Zwar kommt man nicht ganz um sie herum, aber jede Aussage bleibt relativ und erfasst höchstens einen Teilaspekt, aber nie die ganze Persönlichkeit.

Die Wissenschaften, denen der Philosoph und studierte Mediziner durchaus positiv gegenübersteht, erkennen *etwas* am Menschen, aber nie den Menschen *als solchen*. Eine Person ist immer mehr, als über sie gesagt werden kann.

Die Frage nach diesem Mehr hat Jaspers von der Medizin in die Philosophie geführt. Er will wissen, was den Menschen zutiefst ausmacht und wie er oder sie zu sich selber finden kann. Es geht um den persönlichen Lebensentwurf, um die Freiheit, das Dasein sinnvoll zu gestalten und dafür auch die Verantwortung zu übernehmen. Diese Freiheit besteht nicht nur darin, *etwas* zu wählen, sondern vor allem auch darin, *sich selber* zu wählen.

Sich selber wählen heißt: Ja sagen zur eigenen Existenz, die letztlich ein Geschenk ist. Jeder Mensch ist »eine einzige, unvergleichliche Welle in der Unendlichkeit des Weltmeeres und zugleich Spiegel des Ganzen«.

Jeder und jede! Sie und ich und all die anderen. Einzigartig, unvergleichlich, immer mehr, als Begriffe und Definitionen je zu erfassen vermögen.

Eine solche Philosophie kann das Leben verändern. Nicht mit Begriffen, sondern durch Ergriffenheit. Wer sich ergreifen lässt, wird sich und die anderen neu entdecken: als Welle im Meer, als Bewegung in einer wogenden Unendlichkeit, als nie zu ergründendes Geheimnis.

4 Gehirn, Geist und Seele: Warum das Rätsel bleibt

*Wie der Geist mit dem Körper zusammenhängt,
kann von Menschen nicht begriffen werden;
und doch besteht in eben diesem Zusammenhang
der Mensch.*

Blaise Pascal

Etwas Geistesakrobatik

Der Duden weiß nicht nur, wie man die Wörter richtig schreibt, sondern auch, was sie bedeuten. Nachdem ich mir am Begriff *Geist* beinahe die Zähne ausgebissen hatte und bei meinen Recherchen nicht mehr weitergekommen bin, habe ich ihn konsultiert. Ich schätze seine präzisen, kurzen Definitionen. Und was lese ich da? Geist ist a) das denkende Bewusstsein, b) eine innere Einstellung und c) ein klares Destillat von unvergorenen, mit Alkohol versetzten Früchten.

Die letzte Definition ist die einfachste, schließlich geht es dabei um etwas sinnlich Erfahrbares. Aber die innere Einstellung, das denkende Bewusstsein? Irgendwie nebulös. Wenn der Geist nicht in flüssiger Form durch die Kehle rinnt, bleibt er seltsam verschwommen. Zwar reden alle davon, aber niemand scheint so genau zu wissen, was Geist eigentlich ist. Es sieht ganz danach aus, dass der menschliche Geist sich selber kaum zu erkennen vermag.

Worauf habe ich mich da nur eingelassen? Wenn die Be-Geisterung für dieses schwierige Thema nicht wäre, hätte ich längst resigniert. Ich bin überfordert. Die Philosophen, die darüber nachdenken, sind es übrigens auch. Ebenso die Naturwissenschaftler. Nur verstehen sie es, ihre Überforderung mit klugen Worten zu umhüllen, sodass sie kaum noch zu erkennen ist.

Das kann und will ich nicht. Ich versuche zu übersetzen und zu vereinfachen, um Klarheit zu gewinnen. Ein riskantes Unterfangen, ich weiß. Aber es geht nicht anders. Was ich hier skizziere, ist auch keine Erklärung, höchstens der Versuch einer Annäherung an das schillernde Phänomen des Geistigen.

Wenn im Alltag vom Geist die Rede ist, dann geht es um Gedanken und Gefühle, um Wahrnehmungen und Empfindungen. Der Geist bildet die Welt im Kopf ab und verknüpft dabei die unmittelbare Wahrnehmung mit früheren Erfahrungen. Er entwirft Bilder, malt Farben, hört Klänge, spürt Berührungen. Er stellt Zusammenhänge her und zieht Schlussfolgerungen.

Ein wichtiger Aspekt des Geistes ist das Bewusstsein. Es sagt mir, dass *ich* es bin, der sieht, hört, spürt, denkt und handelt.

Bewusstsein hat mit Aufmerksamkeit zu tun. Wo sich die Aufmerksamkeit auf einen Reiz oder einen Gedanken richtet, wird mir dieser auch bewusst.

Aufmerksamkeit ist lernbar. Dafür gibt es geistige Übungen, wie sie bereits die antike Philosophie kennt, und natürlich die traditionellen Praktiken der Meditation oder das moderne Achtsamkeitstraining. Manchmal genügt es auch, einen Moment innezuhalten, durchzuatmen und wahrzunehmen, was *jetzt* ist.

Man kann den Geist auch als innere Bühne beschreiben, auf der die Wahrnehmungen, Gefühle und Gedanken auftreten. Das Bewusstsein ist der Scheinwerfer, der die Bühne beleuchtet. Der Geist ist unmittelbar, das Bewusstsein reflexiv. Wenn ich etwas bewusst erlebe, werde ich mir meiner eigenen Empfindungen und Überlegungen gewahr.

Das lateinische Wort für Bewusstsein heißt *conscientia*, »Mitwissen«: Ich weiß, dass ich etwas weiß (oder nicht *weiß). Conscientia* bedeutet auch »Gewissen«, was zeigt, wie eng Bewusstsein und Verantwortung aneinander gekoppelt sind. Wer bewusst ist, verhält sich der Situation entsprechend und übernimmt für seine Handlungen die Verantwortung.

Auch Tiere verfügen in abgestuften Formen über geistige Fähigkeiten, vermutlich sogar Pflanzen. Auf der ganzen Skala von der Bakterie bis zum Menschen ist keine klare Grenze auszumachen, die geistbegabt von geistlos trennt. Der Geist scheint eine grundlegende Eigenschaft der Natur zu sein.

Ist er auch naturwissenschaftlich zu erklären?

Diese Frage ist umstritten. Hier scheiden sich die Geister.

Jenseits des Gehirns

Wenn Sie Ihren Arm heben wollen, um nach etwas zu greifen, wird der Arm diese Bewegung auch ausführen. Ein selbstverständlicher und ganz natürlicher Vorgang. Aus der Nähe besehen geschieht allerdings etwas Bemerkenswertes: Ihre Absicht ist ja nicht mehr als ein Gedanke, eine geistige Wirklichkeit. Dieser Gedanke vermag aber Erstaunliches: Er bewirkt, dass Ihr Arm, der ein paar Kilogramm wiegt, sich entgegen der Schwerkraft hebt. Ihr Geist beeinflusst nachweisbar die Materie.

Umgekehrt beruht jeder geistige Vorgang auf materiellen Grundlagen. Sie können nur etwas vorhaben, wenn Sie auch in der Lage sind, sich das auch vorzustellen. Dafür brauchen Sie ein Gehirn. Ohne Gehirn kein Gedanke. Ohne Materie kein Geist.

Die entscheidende Frage lautet: Wie hängt beides zusammen?

Hippokrates, der berühmteste Arzt der Antike, versteht den Geist als Produkt des Gehirns. Etliche Hirnforscher sehen es heute ähnlich: Sie versuchen geistige Vorgänge mit den stofflich fassbaren Funktionen des Gehirns zu erklären. Ob Gedanken oder Gefühle, Wahrnehmungen oder Vorstellungen, dahinter steht dann nichts als Physik und Biochemie. Der Geist ist das Ergebnis molekularer Abläufe und entsteht im ausgeklügelten Zusammenspiel der Neuronen. Aus dem *Homo sapiens* wird ein *Homo neurobiologicus*.

Doch der Versuch, geistige Prozesse rein materiell zu erklären, wirft mehr Fragen auf, als er beantwortet. Wie kommt es, dass aus einer riesigen Ansammlung von Zellen und Molekülen, die weder denken noch fühlen, Gedanken und Gefühle entstehen? Wie ist es möglich, dass geistige Inhalte lange im Gedächtnis erhalten bleiben, obwohl die Atome und Moleküle, welche das Gehirn konstituieren, laufend ausgewechselt werden und jeden Tag mehrere zehntausend Hirnzellen absterben? Die meisten Bausteine, die aktiv waren, als wir einst das Wort Baum gelernt haben, sind längst wieder verschwunden – doch die Erinnerung an das Wort Baum ist geblieben.

Addiert man alle physikalischen Eigenschaften der Atome, Moleküle und Zellen im Gehirn, entsteht jedenfalls noch kein einziger Gedanke und auch kein Gefühl. Nichts dergleichen. Und doch denken und fühlen wir. Die Schlussfolgerung liegt auf der Hand: Der Geist lässt sich nicht auf seine materiellen Bausteine beschränken. Er ist mehr als die Summe seiner Teile.

Und ich frage ganz naiv (vielleicht auch mit einem leisen Anflug von Empörung): Sind es allein meine Nervenzellen und Synapsen, welche sich diese Wörter und Sätze hier ausgedacht haben?

Ich gehe davon aus, dass dies nicht der Fall ist, ohne es beweisen zu können. Da muss noch etwas hinzukommen. Umgekehrt gehe ich auch davon aus, dass ich ohne Neuronen und Synapsen keinen einzigen Buchstaben schreiben könnte, was sich beweisen lässt. Und wenn ich die beiden Annahmen zusammenführe, komme ich zu der Vermutung, dass die Wahrheit irgendwo dazwischen liegen könnte.

»Ohne Gehirn ist alles nichts ...«, heißt es in einem 2004 veröffentlichten Manifest führender deutscher Neurowissenschaftler – mit dem bemerkenswerten Zusatz: »... aber das Gehirn ist nicht alles«. Das bedeutet: Neuronen müssen in einer bestimmten Weise zusammenwirken, damit auf einer anderen Ebene eine Wahrnehmung, eine Empfindung oder ein Gedanke entstehen kann. Diese andere Ebene ist der Geist.

Der Psychosomatiker Joachim Bauer vergleicht die Beziehung zwischen Gehirn und Geist mit jener zwischen einem Klavier und der Musik, die darauf gespielt wird. Das Instrument ist offen für viele Möglichkeiten. Ob da eine Fuge von Bach oder ein Boogie-Woogie erklingt, bestimmt nicht das Klavier. Ebenso wenig werden die Inhalte des Geistes vom Gehirn festgelegt. Sie entfalten sich im Wechselspiel zwischen Gehirn, Körper und Umwelt. Dabei spielt die persönliche Biografie mit, der Einfluss anderer Menschen und ganz allgemein das soziale und kulturelle Umfeld.

Es ist immer eine *Person*, die wahrnimmt, überlegt, fühlt und entscheidet, nicht nur ein Organ im Kopf. Nicht das Gehirn erlebt etwas, sondern der Mensch. Das verrät auch die Sprache. Wir sagen nicht »Mein Gehirn überlegt gerade«, sondern »Ich überlege« – als Person mit allem, was mich ausmacht.

Damit haben wir den Geist nicht einmal ansatzweise erklärt. Wie könnten wir auch? Jahrhunderte des Nachdenkens haben ihn nicht zu entschlüsseln vermocht. Der Geist bleibt »eines der rätselhaftesten Merkmale des Universums«, meint der Neurowissenschaftler Christof Koch. Für den Philosophen Thomas Metzinger ist er sogar »das letzte große Rätsel überhaupt«.

Wo und wie entsteht eine Idee? Sicher ist: Es braucht dafür ein Gehirn. Dieses zentrale Organ sieht aus wie eine große, tief gefurchte Walnuss und enthält ein Labyrinth von eng verflochtenen Nervenzellen, die ständig miteinander kommunizieren. Doch aus dem neuronalen Geflacker lassen sich noch keine Gedanken und Gefühle ableiten. Es muss noch etwas dazukommen. Und dieses Etwas ist der Geist. Ihn findet man nicht im Gehirn.

Graue Zellen und rote Rose

Stellen Sie sich vor, es gäbe ein Gerät, das Ihren Kopf so tief durchleuchten könnte, dass keine Regung Ihres Geistes verborgen bliebe! Alles, was Ihnen so durch den Kopf zieht, könnte aufgezeichnet und beobachtet werden. Also ehrlich, in meinem Fall lieber nicht! Da gibt es doch einiges, was ich vor der Außenwelt lieber verberge. (Meine Frau möchte jetzt gerne wissen, worum es da geht, aber das verrate ich natürlich nicht.)

Doch den durchsichtigen Menschen gibt es nicht und wird es nie geben. Selbst wer sich leichtsinnigerweise als Versuchskaninchen ins Labor der Hirnforscher begibt, steht geistig nicht ganz nackt da.

Natürlich sehen die Neurowissenschaftler schon etwas, wenn sie mit ihren Apparaten einem Menschen in den Kopf gucken. Sie sehen, wo Blut fließt, sie beobachten elektrische und chemische Aktivitäten und stellen fest, welche Gehirnareale gerade aktiv sind. Aus diesen Hirnaktivitäten lassen sich aber noch keine Gedanken ablesen. Die Innenwelt entzieht sich im Grunde dem Zugriff von außen. Sie lässt sich nicht vermessen und durchleuchten. Sie bewahrt ihr Geheimnis.

Machen wir das Experiment und gehen einmal davon aus, dass Sie im neurologischen Labor eine rote Rose betrachten (vermutlich nicht der beste Ort, um eine Blume zu genießen, aber es geht ja auch nur um einen Versuch). Hier können Forscher die Lichtwellen beobachten, welche auf Ihre Netzhaut treffen. Sie können die elektrischen Signale messen, die dadurch ausgelöst und ans Hirn weitergeleitet werden. Sie können feststellen, dass da ein Haufen grauer Zellen am Werk ist. Die Experten sehen viel, aber sie sehen im Neuronengeflecht keine Rose und keine Farbe. Die Blume ist nicht im Gehirn! Sie entsteht in Ihrem Geist.

Das Gehirn übermittelt die nötigen Informationen, aus denen der Geist das Bild der Rose zusammensetzt. Die große Frage dabei lautet, wie aus objektiv messbaren Vorgängen ein subjektives Erlebnis hervorgeht. »Welche denkbare Verbindung besteht zwischen bestimmten Bewegungen bestimmter Atome in meinem Gehirn einerseits und andererseits den für mich ursprünglichen, nicht weiter definierbaren, nicht wegzuleugnenden Tatsachen ›Ich fühle Schmerz, fühle Lust; ich schmecke Süßes, rieche Rosenduft, höre Orgelton, sehe rot?‹«

Diese Frage hat der Physiologe Emil du Bois-Reymond 1872 vor der Naturforscherversammlung in Leipzig gestellt. Er hat sie mit einem legendären Satz beantwortet, und zwar auf Lateinisch: »Ignoramus et ignorabimus« – »Wir wissen es nicht und wir werden es niemals wissen«.

Dem »ignoramus« müssen die Neurobiologen auch heute, rund 150 Jahre später, zustimmen: Wir wissen es immer noch nicht. Stimmt auch das »ignorabimus«? Werden wir es tatsächlich nie wissen, weil wir es prinzipiell gar nicht wissen können?

Vorläufig jedenfalls vermag keine einzige wissenschaftliche Untersuchung aufzuzeigen, wie elektromagnetische Wellen zusammen mit einer grauen Masse von Zellen das Bild einer roten Rose hervorzaubern. Und keine Messung verrät, wie sich die Wahrnehmung der Rose für die Versuchsperson selber anfühlt. Ignoramus, tatsächlich. Und wahrscheinlich eben auch: Ignorabimus.

Das passt natürlich schlecht zum Anspruch gewisser Forscher, mit bunten Hirnbildern aus dem Kernspintomografen den menschlichen Geist offenzulegen. Irgendwie will das nicht so recht klappen. Zwischen dem hohen Anspruch und den mageren Ergebnissen besteht eine auffällige Diskrepanz. Der wissenschaftlich-technische Zugriff auf den Menschen hat offensichtlich Grenzen.

Sie können das Labor also ruhig wieder verlassen. Die Fachleute mögen eine Menge Daten gesammelt haben, doch was *Sie* mit der Blume erlebt haben, wissen nur Sie allein. Und wenn Sie danach gefragt werden, werden Sie Ihr Erlebnis nie exakt in Worte fassen können. Vielleicht behelfen Sie sich dann mit dem berühmten Kurzgedicht von Gertrude Stein. Es sagt alles und verrät nichts: Eine Rose ist eine Rose ist eine Rose.

Intelligenz in der Natur

»Wenn ich mit meiner Katze spiele«, fragt Michel de Montaigne in seinen *Essais*, »wer weiß, ob sie sich nicht noch mehr mit mir die Zeit vertreibt als ich mir mit ihr?« Die Frage ist kaum zu beantworten, weil ein Mensch keine Katze ist. Wir nehmen vielleicht an, dass die Katze sich bei diesem Spiel etwas denkt. Doch woher wissen wir das? Aus unserer eigenen Erfahrung. Wir projizieren unsere menschlichen Vorstellungen auf die Katze. Ob diese wirklich denkt, wissen wir nicht. Es kann auch sein, dass sie bloß einem unbewussten Muster von Reiz und Reaktion folgt. Etwas Geist braucht sie trotzdem für dieses Spiel.

Lange hat der Mensch sich für das einzige kluge Lebewesen auf diesem Planeten gehalten. Diese Sonderstellung hat er mittlerweile eingebüßt. Geist und Intelligenz sind in der Natur allgegenwärtig. Ein Esel liest zwar keine Bücher und eine Primel kann nicht rechnen, aber Tiere und Pflanzen sind alles andere als dumm.

Dass ein Schimpanse oder ein Hund über geistige Fähigkeiten verfügen, erstaunt kaum. Aber dasselbe gilt auch für Schweine, Vögel, Regenwürmer und Ameisen. Alle Tiere verfügen über ein gewisses Maß an Intelligenz. Ihr geistiges Potenzial zeigt sich vor allem in der Fähigkeit, die Umwelt richtig einzuschätzen, Zusammenhänge zu erkennen und sich entsprechend zu verhalten. Der Geist nimmt verschiedene Formen an; jede Spezies verfügt über ihre eigene Art.

Falls Tiere auch denken können (was nicht klar ist), tun sie das auf ihre eigene Weise, die nur bedingt mit dem menschlichen Denkvermögen vergleichbar ist. Der Unterschied liegt vor allem in der Sprachfähigkeit, die beim Menschen weit stärker ausgebildet ist. Das heißt nicht, dass der Mensch deswegen besser ist. Es heißt nur, dass er besser denken kann. »Wir stehen weder höher noch tiefer als die übrigen Geschöpfe«, notiert Montaigne: »Es gibt Unterschiede und Stufen, doch stets nur als Erscheinungsformen der einen Natur.«

Auch Pflanzen zeigen eine Art von Intelligenz, obwohl sie weder ein Hirn noch ein Nervensystem besitzen. Sie reagieren auf ihre Umgebung, informieren sich gegenseitig mit Duftstoffen, entwickeln Überlebensstrategien und besitzen ein Erinnerungsvermögen. Sie erbringen erstaunliche Sinnesleistungen und sind auch lernfähig. Biologen vermuten, dass das Wurzelwerk dabei die Funktion eines Gehirns übernimmt. Es sieht ganz danach aus, dass Pflanzen weit höher entwickelte Lebewesen sind, als bisher angenommen wurde.*

Geistige Fähigkeiten haben sich im Laufe der Jahrmillionen nicht sprunghaft, sondern kontinuierlich entwickelt. Und weil die Evolution erfinderisch ist und nie bloß eine Lösung kennt, setzen Geist und Intelligenz auch nicht zwingend ein Nervensystem und ein Hirn voraus.

Selbst die kleinsten Bausteine des Lebens, die Zellen, verfügen über ein unbewusstes Wissen. Eine Zelle weiß, was für sie nützlich ist und was schädlich. Sie nimmt lau-

---

* Weil Pflanzen höher entwickelte Lebewesen sind, wird ihre Würde unterdessen auch stärker beachtet. Als erstes Land der Welt hat die Schweiz den Schutz der Pflanzen 1992 in ihre Verfassung aufgenommen.

fend Informationen aus der Umgebung auf, verwertet sie und entwickelt sich entsprechend weiter. Zudem kommuniziert sie über Botenstoffe laufend mit anderen Zellen. Die Molekularbiologin Floriane Koechlin spricht von einem eigentlichen »Zellgeflüster«.

Eine schöne Vorstellung: Wir sind von oben bis unten vollgepackt mit flüsternden Zellen! Rund 70 Billionen intelligente Wesen sind in unserem Körper still am Werk. Sie tauschen sich unablässig mit ihren Nachbarinnen aus, um unser Dasein hier und jetzt zu ermöglichen. Von ihnen lässt sich lernen, was Leben im Kern ausmacht: Kommunikation und Kooperation.

Ob flüsternde Zellen, duftende Gräser oder kluge Ameisen: Das ganze Lebenshaus ist mit Intelligenz ausgestattet. Der Philosoph Schelling hat es vor 200 Jahren bereits geahnt: Die Natur ist sichtbarer Geist, der Geist unsichtbare Natur.

Evolution und Transzendenz

Die Natur schlägt im Menschen die Augen auf und bemerkt, dass sie da ist: So sagt es Friedrich Wilhelm Schelling. Würde sie es ohne uns wohl nicht bemerken? Braucht sie ein bewusstes Wesen wie den Menschen, um sich selber wahrzunehmen? Schelling sieht es so. Geist und Materie gehören für ihn zusammen. Er geht davon aus, dass der Natur ein geistiges Prinzip zugrunde liegt.

Trifft das auch zu? Diese Frage zieht sich durch die ganze abendländische Philosophiegeschichte. In der antiken griechischen Philosophie ist vom Geist als ordnender Weltkraft die Rede. In den religiösen Traditionen gilt er als göttliche Urkraft, die alles Seiende belebt und durchströmt.

Mit Anbruch der Neuzeit rückt diese Deutung zunehmend in den Hintergrund. Nun gewinnen die aufblühenden Naturwissenschaften die Deutungshoheit. Sie können Schritt für Schritt ein Phänomen nach dem anderen erklären und entschlüsseln. Der Geist schrumpft zu einer Nebenerscheinung der Materie.

Aber exakt in dem Moment, wo sich die materialistische Weltsicht endgültig durchsetzt, an der Schwelle vom 19. zum 20. Jahrhundert, bekommt sie erste Risse. Ihre Fundamente werden durch die bahnbrechenden Entdeckungen der Quantenphysik erschüttert. Im subatomaren Mikrokosmos spielt der Geist durchaus wieder eine Rolle; geistige und materielle Prozesse sind hier untrennbar ineinander verflochten. Das Atom, so der Nobelpreisträger Max Planck, öffne einer materialistisch denkenden Menschheit

»die Türe in die verlorene und vergessene Welt des Geistes«.

Nach wie vor scheuen sich aber viele Wissenschaftler, den Geist als eigenständige Größe in ihre Überlegungen einzubeziehen. Denn das würde bedeuten, den Schritt von der Physik zur *Meta*physik zu machen, zu dem also, was hinter der messbaren Wirklichkeit steht. Metaphysik ist empirisch nicht zu fassen. Wer sich auf sie einlässt, bewegt sich auf unsicherem Gelände.

Einzelne aber wagen es. Zu ihnen gehört der renommierte US-amerikanische Philosoph Thomas Nagel. In seinem viel diskutierten Buch *Geist und Kosmos* stellt er die These auf, dass das Universum dazu neigt, Leben und Geist hervorzubringen. Die Entwicklung des Kosmos folgt nach ihm einer inneren Logik. Sie führt vom Einfachen zum Komplexen, vom Anorganischen zum Organischen, vom Instinkt zum Intellekt, von der Materie zum Bewusstsein.

Die Natur, so Nagel, ist daraufhin angelegt, dass bewusste, geistbegabte Wesen entstehen können; Wesen wie wir, die über die Welt nachdenken und versuchen, sie zu verstehen. Im Bewusstsein von Lebewesen findet die Natur zu sich selbst: »Das Universum erwacht allmählich und wird sich seiner selbst bewusst.«

Dieser Satz erinnert an Schelling. Im Unterschied zu ihm ist Nagel aber Atheist. An einen Gott glaubt er nicht. Er hält viel von den modernen Naturwissenschaften, stellt aber fest, dass der vorherrschende Materialismus Geist und Bewusstsein nicht zu erklären vermag. Ohne ideologische Scheuklappen zieht er die Möglichkeit einer ordnenden geistigen Kraft in Erwägung, wobei er offen zugibt, dass seine Annahme eine intellektuelle Präferenz ist, die sich nicht weiter begründen lässt.

Hier nähert sich einer der bedeutendsten Philosophen der Gegenwart einer Anschauung, wie sie seit Jahrhunderten von den Religionen vertreten wird. Allerdings sind diese oft ins andere Extrem verfallen: Sie haben den Geist als das einzig Wahre gepriesen und die Materie abgewertet, was vor allem im Abendland zu einer tiefen Entfremdung zwischen Religion und Naturwissenschaft geführt hat.

Was Thomas Nagel jetzt aufzeigt, ist ein dritter Weg, jenseits von Wissenschaftsgläubigkeit und religiösem Dogma. Eine zeitgemäße Naturwissenschaft, so schreibt er, muss ihren Materialismus aufgeben und den Geist als eigenständige Größe in ihre Überlegungen mit einbeziehen. Es könnte sein, dass Geist und Bewusstsein Grundbausteine des Universums sind, und es wäre kurzsichtig, diese Möglichkeit von vornherein auszuschließen.

Fünf große Fragezeichen

Seit Jahrtausenden studieren Menschen den Aufbau der Welt und die damit verbundenen Gesetzmäßigkeiten. Beobachtungen, Experimente und logische Schlussfolgerungen führen laufend zu neuen Erkenntnissen. Das Wissen wird von einer Generation zur anderen weitergegeben und hat in den letzten vier Jahrhunderten sprunghaft zugenommen.

Heute verfügen wir über eine ziemlich präzise Beschreibung der Welt. Allerdings fehlen ein paar Teilchen in diesem Puzzle – und zwar die wichtigsten. Es bleiben fundamentale Erkenntnislücken.

Die erste Lücke: der Anfang von allem.
Der Punkt Null, an dem die Geschichte des Universums vor knapp 14 Milliarden Jahren begonnen hat, entzieht sich unserem Zugriff. Die Astrophysiker sind ihm extrem nahe gekommen, scheitern aber an der allerersten Billionstelsekunde. Der entscheidende Moment, wo aus dem Nichts ein All entsteht, bleibt unzugänglich – wahrscheinlich für immer.

Die zweite Lücke: die Bildung von Materie.
Alle Materie besteht zu über 99 Prozent aus leerem Raum, wie die Physik heute weiß. Wie kann aus dieser Leere eine sichtbare Welt hervorgehen? Wann entsteht aus den unfassbaren Bausteinen im subatomaren Mikrokosmos ein fester Körper, den man greifen und sehen kann? Auch wenn die Physik viel darüber weiß, bleibt der exakte Übergang doch im Dunkeln.

Die dritte Lücke: die Natur des Lichts.
Im Licht steckt ein seltsames Paradox: Es kann als Teilchen oder als Welle in Erscheinung treten. Wie ist es möglich, dass es solch widersprüchliche Eigenschaften aufweist? Und was ist Licht denn wirklich? Niemand weiß es.

Die vierte Lücke: der Anfang des Lebens.
Wie kommt es, dass vor gut 3,5 Milliarden Jahren aus unbelebter Materie etwas Lebendiges hervorgegangen ist? Was ist an der Schwelle zum Leben passiert? Und warum bleibt dieser Vorgang ein einmaliges Ereignis, das sich nie mehr wiederholt hat und auch künstlich nicht auslösen lässt? Fragen über Fragen – und keine Antworten.

Die fünfte Lücke: die Schnittstelle zwischen Gehirn und Geist.
Die Natur ist offensichtlich so beschaffen, dass mit Geist ausgestattete Lebewesen entstehen können. Die geistige und die materielle Welt funktionieren aber nach verschiedenen Gesetzmäßigkeiten. Wie sind sie miteinander verbunden, inwiefern bedingen sie sich und wo treffen sie aufeinander? Auch diese Fragen bleiben offen.

Die Naturwissenschaften waren in den vergangenen 400 Jahren sehr erfolgreich. Sie haben viel über den Aufbau der Welt und die Ordnung der Natur herausgefunden. Sie haben ein Rätsel nach dem anderen lösen können. Doch die fünf großen Fragen sind geblieben. Kaum jemand rechnet heute noch damit, dass sie sich in absehbarer Zeit beantworten lassen. Im Gegenteil zeigt sich, dass jede mögliche Antwort sogleich wieder neue Fragen aufwirft.

Im 15. Jahrhundert, an der Schwelle zur Neuzeit und kurz vor dem Aufblühen der modernen Wissenschaften, hat der Universalgelehrte Nikolaus von Kues (Cusanus) es bereits geahnt: Nicht alles ist dem suchenden, fragenden und forschenden Geist zugänglich. Es gibt Dinge, die sich nie ergründen lassen, und es gibt Fragen, die keine Antwort kennen. Und doch ist es möglich, hier einen Schritt weiterzukommen, meint Cusanus: Im Überschreiten aller wissbaren Wahrheiten.

Was passiert dann? Am Ende allen Wissens steht die *docta ignorantia*, eine gelehrte Unwissenheit.

Auf diesen Gedanken ist Cusanus während einer Schiffsreise über das unendlich weite Meer gekommen. Das *wissende Nichtwissen* setzt Wissen voraus, bleibt aber nicht bei Erklärungen und Beschreibungen stehen. Es führt über alles Bekannte hinaus und verweist auf das Mysterium der Welt, für das es keine Worte und Bilder mehr gibt.

Dieses einsichtsvolle Nichtwissen ist nach Cusanus die eigentliche Chance des Menschen. So kann er der Wahrheit näherkommen. Nicht mit Antworten, sondern mit Fragen. Antworten schließen ab, Fragen schließen auf. Wo sie offen bleiben, entfaltet sich eine Geschichte. Und diese Geschichte kennt womöglich nie ein Ende. Sie kann immer wieder neu erzählt werden – mit zunehmendem Staunen, mit Verwunderung, und ja, auch mit Ehrfurcht.

»Alles in der Welt ist merkwürdig und wunderbar für ein paar wohlgeöffnete Augen« (Ortega y Gasset).

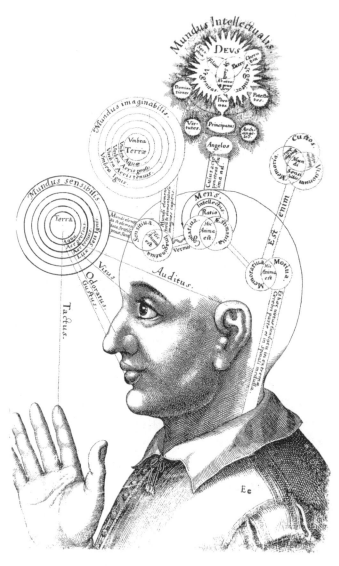

So hat sich der englische Philosoph und Mediziner Robert Fludd im 17. Jahrhundert das Zusammenspiel von Gehirn, Geist und Bewusstsein vorgestellt – mit Gott ganz oben an der Spitze.

Signaturen der Seele

Der Mensch ist mehr als eine Ansammlung von Zellen, Molekülen und Atomen. Für dieses Mehr, das über alles Greifbare und Messbare hinausführt, kennen viele Kulturen die Vorstellung eines innersten Prinzips, das allen Wesen ihre Lebendigkeit und Form verleiht. Bei uns spricht man von der Seele. Dieses Wort leitet sich sprachgeschichtlich vom See ab. Es geht um eine unter der Oberfläche verborgene Tiefe.

Die Seele ist kein Objekt. Sie hat keine materielle Substanz und bleibt unfassbar wie der Wind. Auch der Wind ist nicht zu sehen, nicht zu greifen und doch erfahrbare Wirklichkeit. Die Seele ist die Schwester des Windes. Im Hebräischen und im Griechischen sind die Worte Seele, Wind und Atem verwandt. In der indischen Tradition heißt die Seele *atman*; dieses Sanskrit-Wort steckt auch im deutschen Verb *atmen*.

Der Atem, sagt Hildegard von Bingen, ist der lebendige Hauch der Seele. Und so wie sich der Atem nicht lange anhalten und der Wind nicht einfangen lässt, so ist auch die Seele ständig in Bewegung und nie zu fassen. »Die Seele ist wie der Wind, der über die Kräuter weht, wie der Tau, der über die Wiesen sich legt, wie die Regenluft, die wachsen macht« (Hildegard von Bingen).

Die Seele durchzieht den Alltag mit Poesie. Sie verleiht dem Leben Tiefe, Schönheit und Bedeutung. Die *anima* (so das lateinische Wort für Seele) kann animieren (*animare*) und lieben (*amare*). Die Seele ist der volle Ausdruck von Leben und Liebe. Und sie ist der lebendige Widerspruch zur Kälte einer durchrationalisierten Welt. Es braucht keine besondere Sensibilität, um den Unterschied zwischen einer seelenlosen Maschine und einem beseelten Lebewesen zu spüren.

Und doch bleibt die Seele die große Unbekannte. Wer sie erklärt, verfehlt sie mit Sicherheit. Sie lässt sich nicht definieren, nicht abbilden, nicht einordnen. Gerade ihre Verborgenheit verleiht ihr einen besonderen Glanz.

Jede Annäherung bleibt ein Versuch. Und jeder Versuch ist letztlich vergeblich. Das spricht aber nicht dagegen, ihn zu wagen – ohne Anspruch auf Gewissheit, aber auch nicht ohne Hoffnung. In Abwandlung eines Wortes von Camus: Die Suche nach einer Erkenntnis, die nie zu erreichen ist, vermag ein Menschenherz auszufüllen.

Also wagen wir es.

Ein erster Versuch: Die Seele ist die allgegenwärtige Lebenskraft. Sie weckt und erhält Leben. Sie gibt Menschen, Pflanzen und Tieren ihre Gestalt. So dachte man vor allem in der Antike. Ob die Seele auch unsterblich ist, wie Platon angenommen hat, ist eine andere Frage. Die biblische Tradition kennt keine durchgehende Lehre über ein Weiterleben der Seele nach dem Tod.

Ein zweiter Versuch: Die Seele ist das, was einen Menschen zum Menschen macht, zu einer einzigartigen, unverwechselbaren Persönlichkeit. Sie ist der Kern, die existenzielle Mitte, in der religiösen Sprache: das innerste Heiligtum. Diese Vorstellung kommt an der Schwelle zur Neuzeit auf.

Ein dritter Versuch: Die Seele ist das Ureigenste eines Menschen – und zugleich das, was ihn mit den anderen Menschen verbindet, aber auch mit den Tieren, den Pflanzen und dem Kosmos. Sie steht in einem Resonanzverhältnis zu allem, was ist.

Ein vierter Versuch: Die Seele ist der Atemwind des Absoluten. Mit ihr manifestiert sich in unserer durch Raum und Zeit begrenzten Welt etwas Unbegrenztes. Sie bildet die Brücke zwischen der individuellen Existenz und einer größeren Wirklichkeit.

Es ließen sich noch weitere Versuche anfügen, die Aufzählung könnte beliebig verlängert werden – auf die Gefahr hin, dass die Seele unter der Staubschicht der Worte und Begriffe allmählich zu ersticken droht. Aber die Seele braucht Freiheit und frische Luft. Sie will atmen, singen, tanzen. »Der Staub der toten Worte haftet an dir«, mahnt der indische Dichter Rabindranath Tagore – und fügt hinzu: »Bade deine Seele im Schweigen.«

Nach meinen paar vergeblichen Versuchen, das Unfassbare fassbar zu machen, hat die Seele ihr Bad verdient. Ich schweige.

Intermezzo: Der Philosoph und das Meer 4

In Sturm und Regen wandert der Philosoph an der Brandung entlang. Solche Stimmungen liebt er besonders. Die Urgewalten der Natur, die Einsamkeit und die karge Landschaft – das sind Momente, die zum Philosophieren verleiten.

Dabei stellen sich die ganz elementaren Fragen: Wo kommen wir her? Wo gehen wir hin? Und was ist der Sinn von allem?

Diese Fragen werden nie eine abschließende Antwort finden. Sie kreisen um den großen, unbegreiflichen Zusammenhang der Welt. Ohne Bezug zu diesem Umgreifenden, wie Jaspers es nennt, geht eine entscheidende Dimension des Lebens verloren.

Zugleich scheut der Philosoph aber zurück vor Religion, Konfession und Dogma. Er will im Denken die Begrenztheit der Welt überwinden, ohne mit Lehren und Systemen erneut Grenzen zu ziehen. Kritische Vernunft im Angesicht der Transzendenz bleibt offen und ungesichert. Sie überschreitet alles Gedachte und führt zum Schweigen.

Mit dieser Offenheit hat Jaspers als Philosophiedozent an der Universität Basel einige Kollegen der Theologischen Fakultät provoziert, allen voran den prominenten Karl Barth. Nach Barth findet der Mensch nämlich allein durch die biblische Offenbarung zu Gott, Punkt. Im Unterschied zu Jaspers kann er die anderen Religionen auch nicht als gleichberechtigt anerkennen.

Manchmal halten der Philosoph und der Theologe zur selben Zeit im gleichen Gebäude ihre Vorlesungen, Jaspers eine Etage höher als Barth. So kommt es, dass bei den Theologen gelegentlich das Getrampel der Philosophen im oberen Stockwerk zu hören ist, was Barth mit der spöttischen Bemerkung kommentiert: »Da oben ist wieder das Jasperle-Theater.«

Aber da ist kein Theater. Jaspers erkundet in seiner ebenso tiefgründigen wie unbefangenen Art Bezüge zur Transzendenz ohne Offenbarung und Dogma. Das fasziniert auch etliche Theologiestudenten, die heimlich in seine Vorlesung schleichen und ihm gestehen: »Wenn der Theologe Barth nicht wäre, würden wir Ihnen gerne folgen.«

Der Philosoph soll darauf geantwortet haben: »Wie gut, dass der Karl Barth da ist. Denn mir kann niemand nachfolgen.«

So ist er, dieser Querdenker. Er will keine Heilslehre verkünden und keine Schüler um sich scharen. Was er vorträgt, sind Angebote zum Gespräch und zum Selberdenken. Er kann niemandem die Aufgabe abnehmen, das eigene Leben zu deuten und die Wirklichkeit so zu gestalten, dass sie bejahenswert ist. Er sagt: »Folge nicht mir nach, sondern dir!«

Jaspers ist skeptisch gegenüber Menschen, die sich ihrer Wahrheit so erschreckend gewiss sind. Denn wer sich im Besitz der Wahrheit glaubt, bleibt auf ihr sitzen. Das Denken wird unbeweglich und erstarrt. Das offene Gespräch weicht einem geschlossenen Glauben. Die Kommunikation bricht ab.

Wahrheit ist kein Besitz. Sie muss immer neu gesucht werden. Und wer sie sucht, tut gut daran, sich mit anderen auszutauschen. Im Dialog können Erkenntnisse geprüft, Einsichten vertieft und neue Ansichten gewonnen werden. Zwar ist jeder Mensch ein Individuum. Aber echte Individualität entfaltet sich nur in der Begegnung mit anderen, meint der große Einzelgänger: »Wahrheit ist, was uns verbindet.«

Jaspers' Vision ist eine Weltphilosophie: ein allen Menschen gemeinsamer Raum des Denkens. Dieser Raum entsteht eher durch die Ahnung als durch das Wissen, eher durch den Versuch als durch die Gewissheit, eher durch die Fragen als durch die Antworten.

Und eine Weltphilosophie braucht Luft. Eine frische Brise vom Meer her, welche an unsere gemeinsame Herkunft erinnert – und an das unendlich tiefe Geheimnis, das alle verbindet und das niemand kennt.

5 Leben im Resonanzfeld: Das Ich ist mehr als ich

Im Grenzenlosen sich zu finden,
Wird gern der Einzelne verschwinden,
Da löst sich aller Überdruss;
Statt heißem Wünschen, wildem Wollen,
Statt lästigem Fordern, strengem Sollen,
Sich aufzugeben ist Genuss.

Johann Wolfgang von Goethe

Grammatik des Lebens

Elementarteilchen haben sich zu Atomen zusammengetan, Atome zu Molekülen, Moleküle zu Zellen, Zellen zu Organen, Organe zu Organismen – und das Ergebnis sind Sie!

Das ist ebenso erfreulich wie erstaunlich. Denn niemand vermag zu sagen, warum Elementarteilchen, Atome, Moleküle und Zellen auf eine dermaßen konstruktive Weise zusammenwirken, dass ein Lebewesen entsteht – und warum sie exakt den Menschen geformt haben, der Sie sind: eine einmalige, einzigartige Persönlichkeit, wie es sie auf diesem Planeten noch nie gegeben hat und auch nie mehr geben wird.

An den Bausteinen allein kann es jedenfalls nicht liegen. Der menschliche Körper besteht aus Elementen, wie sie überall in der Natur reichlich vorkommen: vor allem Kohlenstoff, Wasserstoff und Sauerstoff, dazu etwas Stickstoff sowie je eine Prise Calcium und Schwefel. Und seine Atome sind exakt dieselben wie in irgendeinem anderen Objekt, einem Stein etwa oder einer Zahnbürste.

Das Einzige, was den menschlichen Körper von seiner Umgebung unterscheidet, ist die komplexe Organisationsform: Myriaden von Atomen sind in jedem Kind, in jeder Frau und in jedem Greis auf eine höchst differenzierte Weise miteinander verbunden.

Das ist alles andere als selbstverständlich. Atome verteilen sich üblicherweise ungeordnet im Raum (was in der physikalischen Fachsprache *Entropie* genannt wird). Wie kommt es, dass dies bei einem Lebewesen nicht der Fall ist, dass siebzig oder achtzig Kilogramm Atome nicht irgendwo zufällig verstreut herumliegen, sondern sich zusammentun und einen Menschen wie Sie formen?

Die Wissenschaft geht davon aus, dass dieser Vorgang von der Information gesteuert wird, die in den Genen und ihren molekularen Strukturen steckt. *Information* heißt das regulierende Element im Innersten der Natur. Sie bringt die Dinge *in Form*. Information erzeugt im Verbund mit Energie die ganze Vielfalt an Formen und Strukturen. Sie bewirkt, dass im Laufe der Evolution der Ordnungsgrad von Organismen ständig zunimmt. Für den Quantenphysiker Anton Zeilinger ist Information der »Urstoff des Universums«.

Information steht auch am Anfang des Lebens. Es beginnt mit einer einzigen Zelle, in deren Kern der komplette Bauplan eines Menschen versteckt ist. Sie teilt sich in zwei neue Zellen, die sich wiederum teilen. Durch fortlaufende Teilungen wächst nun die Zahl der Zellen schnell an. Ab einem gewissen Punkt schlagen sie unterschiedliche Wege ein. Die einen bilden die Haut, die Augen oder das Gehirn, andere ordnen den Magen, formen eine Niere oder transportieren als Blutkörperchen den Sauerstoff. Der Körper eines erwachsenen Menschen setzt sich aus rund 200 unterschiedlichen Zellarten zusammen.

Wie können aus einer einzigen Zelle so viele verschiedene Zelltypen hervorgehen? Woher weiß die einzelne Zelle, welches ihre Aufgabe ist und wie sie sich entwickeln muss? Welchem Impuls folgt sie, wenn sie zu einer Herz- oder Nasenzelle wird? Woher weiß sie, wie ein Herzmuskel oder ein Nasenflügel auszusehen haben? Wo steht im

Erbgut geschrieben, wie kantig die Nase und wie groß das Herz ist? Und wie werden die Zellen koordiniert?

Die Biologie kennt auf diese Fragen eine Antwort: Es ist die im Zellkern gespeicherte Information, ein Abschnitt auf dem DNA-Strang, der Gen genannt wird. Doch diese Antwort wirft sogleich neue Fragen auf: Wie entsteht diese Information? Wie kann die schlichte Abfolge von DNA-Buchstaben auf dem Erbgutstrang ein Lebewesen in seiner ganzen Komplexität hervorbringen? Und wie schaffen es Milliarden von Zellen, in einer präzise abgestimmten Zusammenarbeit neues Leben zu bilden?

Je genauer solche Vorgänge untersucht werden, umso nebulöser erscheinen sie. Die Grammatik des Lebens ist in ihren Tiefenstrukturen kaum zu entziffern. Da staunt nicht nur der Laie – selbst erfahrene Wissenschaftler räumen ein, dass sie das Leben nicht wirklich verstehen.

Das Leben bleibt ein Rätsel, und dieses Rätsel ist möglicherweise unlösbar. Aber das Leben ist noch mehr, viel mehr: Jede Zelle, jeder Atemzug, jeder Augenblick ist auch ein Geschenk. Einfach so, frei und gratis, einmalig und kostbar.

Am Ende aller Erklärungen steht die Dankbarkeit.

Projekt Menschwerdung

Unsere nächsten Verwandten im Tierreich sind die Menschenaffen: die Schimpansen, Gorillas und Orang-Utans. Sie zeigen analoge Verhaltensweisen, leben in vergleichbaren sozialen Strukturen und sehen uns sogar ähnlich. Auch das Erbmaterial stimmt weitgehend überein. Eine kleine genetische Differenz von nicht einmal zwei Prozent macht aus, dass wir Menschen sind und keine Affen.

Und trotzdem haben wir uns weit vom Affen entfernt. Das hat nicht nur mit dem biologischen, sondern vor allem auch mit dem kulturellen Erbe zu tun: mit all dem, was Menschen über viele Jahrtausende entdeckt, erschaffen und von einer Generation an die andere weitergegeben haben.

Dieser Prozess ist nicht abgeschlossen. Wir sind noch nicht, was wir sein könnten. Wir sind auf dem Weg dazu. Der Zoologe Konrad Lorenz meint: Wir sind der *Übergang* zwischen dem Affen und dem wahrhaft humanen Menschen. Die Menschwerdung geht weiter.

Ein Blick auf den Zustand dieser Welt genügt, um zu sehen, dass der *Homo sapiens,* dieser *vernunftbegabte Mensch,* noch einiges zu lernen hat. Mark Twain muss ja nicht recht haben, wenn er schreibt: »Enttäuscht vom Affen, schuf Gott den Menschen. Danach verzichtete er auf weitere Experimente.« Vielleicht brauchen wir einfach noch etwas mehr Zeit.

Und etwas mehr Köpfchen. Aus der Sicht der Hirnforschung ist es nämlich durchaus möglich, dass Menschen sich entwickeln und verändern. Das Gehirn jedenfalls ist dafür bestens eingerichtet. Es ist sehr anpassungsfähig und wird so, wie wir es benutzen. Alles, was wir häufig denken und tun, verändert seine Strukturen: Neue Verbindungen werden geknüpft, bestehende Schaltkreise verstärkt oder abgebaut. Jede Sekunde werden im Kopf eines Menschen mehrere hunderttausend Verbindungen umgebaut!

Diese erfahrungsabhängige Plastizität (*Neuroplastizität*) ist eine vergleichsweise junge Errungenschaft der Evolution. Bis zu den Dinosauriern waren die Hirne der Tiere fest verdrahtet; genetische Programme diktierten ihr Verhalten. Das hat den Vorteil einer gewissen Stabilität, aber den Nachteil mangelnder Flexibilität. Ein gefährliches Defizit: Wer sich den wechselnden Umweltbedingungen nicht anpassen konnte, ging unter.

Die evolutionär relativ neue Strategie einer eher losen Verdrahtung beginnt mit den Säugetieren und Vögeln. Die Verschaltungsmuster in ihrem Gehirn sind nicht alle fix vorgegeben; viele bilden sich mit den ersten Erfahrungen, die das Tier macht. Danach bleiben sie aber immer gleich.

Beim Menschen verhält es sich anders: Sein Gehirn ist ein Leben lang formbar. Im Unterschied zu allen anderen Organen ist es bei der Geburt auch noch gar nicht voll ausgebildet. Es muss sich erst entwickeln und braucht dafür fast zwei Jahrzehnte, was eine rekordlange Nesthockerzeit zur Folge hat. In der Kindheit werden die Fundamente gelegt, dann wird ständig gebaut und umgebaut. Ganz fertig wird das Gebäude nie. Das Gehirn bleibt bis in die späten Jahre eine Dauerbaustelle.

Auch das lange gehegte Dogma, dass die Eigenschaften eines Menschen bereits im genetischen Erbe festgelegt sind, ist nicht mehr zu halten. Die Gene stellen die Grundausstattung bereit; entscheidend aber ist, was ein Mensch daraus macht. Persönliche Erfahrungen, Umwelt und Lebensstil verändern die Aktivierungsmuster von Genen. Diese Veränderungen werden teilweise auch an die Nachkommen weitergegeben.

Es liegt also nicht an den Genen oder am Gehirn, wenn die Menschwerdung nur langsam vorankommt. Es liegt eher an eingefahrenen Denk- und Verhaltensmustern. Gedanken, die in Endlosschlaufen ständig wiederkehren, prägen uns. Mit ihnen verfestigen sich Ansichten, Vorstellungen und Weltbilder. Sie hinterlassen nachweisbar Spuren im Kopf: Es entstehen regelrechte Trampelpfade, welche das Denken, Fühlen und Handeln in die immer gleiche Richtung lenken.

Das muss aber nicht so bleiben. Es gibt eine Alternative, und die heißt: Lernen! Nicht einmal, sondern immer wieder. Neue Sichtweisen erproben, neue Möglichkeiten erwägen, neue Erfahrungen wagen. Damit bilden sich auch neue Verbindungen zwischen den Hirnzellen. Dieser innere Umbau geht noch besser voran, wenn auch Gefühle mitspielen und etwas Begeisterung mitschwingt.

Dafür ist es nie zu spät. Das Gehirn bleibt bis ins hohe Alter umbaufähig. Die Geschwindigkeit nimmt mit den Jahren zwar ab, dafür nehmen Konzentration und Ausdauer zu. Was Hänschen nicht lernt, kann Hans immer noch lernen – einfach etwas langsamer.

Mensch sein heißt Mensch werden, ein Leben lang.

Das fließende Ich

Wenn ein Schimpanse in den Spiegel blickt, sieht er nicht einen komischen Artgenossen, sondern sich selber: Ich Affe! Auch Delfine und Elefanten, Elstern und Raben, ja sogar Schweine erkennen sich im Spiegel. Doch sie sind die Ausnahmen, die meisten Tiere wissen mit ihrem Spiegelbild nichts anzufangen.

Auch ein Kleinkind braucht mehrere Monate, bis es beim Blick in den Spiegel entdeckt: Das bin ich! Das Wissen um sich selbst gilt als eine der höchsten Leistungen des Gehirns.

Ob sich aus dem sogenannten Spiegeltest auch auf ein eigentliches Ich-Bewusstsein schließen lässt, ist allerdings nicht klar. Klar ist hingegen, dass kein Tier über ein dermaßen stark ausgeprägtes Bewusstsein seiner selbst verfügt wie der Mensch.

Eine Amsel singt, ohne zu wissen, dass sie singt. Einem Hund scheint der Gedanke »Ich belle« fremd zu sein – er bellt einfach. Beim Menschen ist es am Anfang ähnlich. Er kommt nicht mit einem Ich zur Welt. Er *lernt* in den ersten beiden Lebensjahren, Ich zu sagen und sich von seiner Umgebung abzugrenzen. Das Selbstgefühl erwacht, und dabei spielt die Sprache eine wichtige Rolle.

Hinter dem Wörtchen »ich« steht die Erfahrung, dass ich einen eigenen Körper habe, eigene Gedanken und Gefühle kenne, die Dinge aus einer subjektiven Perspektive sehe und Urheber meiner Handlungen bin. Ich erlebe mich im Wandel der Zeiten als einheitliche Person. Ich bin ich, und ich weiß das auch.

Ein Blick in den Spiegel: Nur wenige Tiere erkennen sich im Spiegelbild, darunter gewisse Affenarten. Sie treten näher an den Spiegel heran und schneiden manchmal sogar Grimassen. Ob sich daraus auf ein eigentliches Ich-Bewusstsein schliessen lässt, ist unklar.

Aber was macht dieses Ich aus – und wo steckt es eigentlich?

Philosophen suchen schon seit Jahrhunderten nach ihm, ohne es zu finden. Psychologen zerlegen es in Kategorien wie Über-Ich, Es und Selbst – und wissen am Schluss doch nicht genau, womit sie es eigentlich zu tun haben. Und die Neurowissenschaftler, welche das Gehirn bis in die hintersten Ecken durchleuchten, finden nicht den geringsten Hinweis auf einen Ort, an dem das Ich respektive das Ich-Gefühl entstehen könnte.

Verflixtes Ich! Es ist nicht dingfest zu machen und doch da. Es zeigt sich in dieser starken, unerschütterlichen Gewissheit: Ich bin ich. Oder ist das eine Täuschung?

Gelegentlich wird jedenfalls behauptet, das Ich sei eine pure Illusion (wobei auch jene, die so argumentieren, häufig »ich« sagen und damit keineswegs bloß eine Illusion meinen). So weit gehen die meisten Wissenschaftler aber nicht. Sie nehmen an, dass das Ich-Gefühl eine Konstruktion des Gehirns ist, die aber etwas durchaus Reales repräsentiert: einen Menschen, der sich als eigenständige Person wahrnimmt – und dies mit einer erstaunlichen Kontinuität. Der Körper verändert sich ständig, die Zellen und Moleküle werden laufend ausgetauscht, die Gedanken und Gefühle wechseln, und auch die Umgebung sieht immer wieder anders aus – das Ich-Gefühl aber bleibt konstant.

Und trotzdem ist das Ich keine feste Größe, kein Ding, das sich be-greifen und festhalten ließe. Das Ich ist ein fließender Prozess und setzt sich aus unterschiedlichen Faktoren zusammen, die sich in ihrer Art und Gewichtung laufend ändern. Es ist ein Bündel von wechselnden Vorstellungen, Gefühlen und Gedanken, ein Geflecht von Eindrücken und Erlebnissen, Geschichten und Erinnerungen.

In einem Bild ausgedrückt: Das Ich gleicht einem Seil, dessen Stärke darin liegt, dass unzählige Fasern ineinandergreifen. Keine zieht sich von Anfang bis Ende durch, aber zusammen bilden alle ein Ganzes. Die Fasern sind kürzer oder länger, ihre Farben verschieden, aber das bunt zusammengesetzte Seil ist eine stabile Einheit.

So kann man sich das Ich vorstellen. »Wir sind nicht *ein* Ich«, erklärt der Neurobiologe Gerhard Roth, »sondern mehrere Ich-Zustände, die sich aufeinander beziehen.« Das Gehirn verwebt die wechselnden Zustände zu einer geschlossenen Identität und verhindert so, dass wir diesen Wandel als ständigen Bruch des Ichs erleben.

Eine kleine, hilfreiche Täuschung. Und auch wenn wir es kaum bemerken: Unser Ich ist heute nicht mehr ganz dasselbe wie vor zwanzig oder dreißig Jahren. Es ist ihm aber ähnlich. Immerhin.

Es gibt also ein Ich, doch nicht so, wie es eine Lampe oder ein Buch *gibt*. Deshalb ist es auf analytischer Ebene auch kaum zu fassen. Die Sprache der Poesie kommt ihm näher. Jene des Barockdichters Angelus Silesius etwa. Er will das Ich nicht fixieren – er spielt mit ihm.

Ich weiß nicht, was ich bin;
ich bin nicht, was ich weiß.
Ein Ding und nicht ein Ding,
ein Tüpfchen und ein Kreis.

Erfahrungen und Erinnerungen

Jedes Leben schreibt eine Geschichte. Sie entfaltet sich vom ersten bis zum letzten Atemzug. Auch wenn viele äußere Faktoren mitwirken, ist es eine persönliche, unverwechselbare Geschichte. »Biologisch gesehen unterscheiden wir uns nicht so sehr voneinander«, bemerkt der Neurologe Oliver Sacks, »historisch gesehen, als Erzählung, ist jeder und jede von uns einzigartig.«

Wir brauchen nicht nur Luft, Licht und Nahrung – wir brauchen auch unsere Geschichte. Sie dient der Selbstvergewisserung: Das bin ich. Sie ermöglicht die Standortbestimmung: Hier bin ich. Und sie eröffnet einen Weg: Da will ich hin. Der Blick zurück geht über in den Blick nach vorn und formt die eigene Identität hier und jetzt.

Dabei spielt die Erinnerung eine wichtige Rolle. Sie übersetzt die Vergangenheit in die Gegenwart. »Wenn wir vergessen, wer wir waren, verlieren wir das Gespür dafür, wer wir sind«, schreibt Thomas Moore und fährt fort: »Die Erinnerung macht uns zu der Person, die wir sind. Sie gibt uns Tiefe. Sie bindet unsere Vergangenheit an unsere Gegenwart, um die Zerrissenheit eines äußerlichen Lebens zu überwinden.«

Das menschliche Gehirn ist daraufhin angelegt, Ereignisse in einem kontinuierlichen Erzählstrom miteinander zu verbinden, um sie einordnen zu können. Eine Geschichte fließt in die andere. Dabei entsteht ein Zusammenhang. Das Leben erscheint als sinnvolles Ganzes.

Die eigene Geschichte ist zudem eingebettet in die großen kulturellen Hintergrunderzählungen, wie sie Philosophie, Religion und Kunst bereithalten. Traditionelle und neue Mythen, Bilder und Symbole erlauben es, die persönliche Biografie in einem größeren Rahmen zu sehen. Damit erweitert sich die Perspektive. Die Geschichte, in der das Ich wohnt, gewinnt Tiefe und Sinn.

Menschen sind geborene Erzähler. Wir denken in Geschichten und entwerfen uns in ihnen. So entsteht das, was die Philosophie *narrative Identität* nennt: ein durch Erinnerungen und Erzählungen geformtes Selbstbild. Es ist nicht statisch, sondern im Fluss. Die Geschichte ist nach vorne offen.

Aber selbst die zurückliegenden Kapitel werden dauernd umgeschrieben. Jedes Mal, wenn ein Ereignis im Gedächtnis abgerufen wird, erhält es einen etwas anderen Anstrich. Dabei spielt die aktuelle Stimmung eine wichtige Rolle, sie färbt auf die Erinnerung ab. So entsteht eine modifizierte Version der Geschichte, welche sich leise über die Erinnerung schiebt und diese ersetzt. Je häufiger dies geschieht, umso stärker wird die Geschichte unbewusst verändert. Das kann im Extremfall so weit führen, dass Menschen sich an Dinge erinnern, die sie in Wirklichkeit gar nie erlebt haben.

Erinnerungen sind keine objektiven Tatsachenberichte, sondern subjektive Rekonstruktionen der Vergangenheit.

Für das Lebensgefühl ist es entscheidend, welche Erinnerungen wir wachhalten – und wie wir das tun. »Wir schaffen unsere Erinnerungen selbst«, sagt der Gedächtnisforscher Hans Markowitsch. Erinnern ist ein durchaus kreativer Prozess. Selektiv wahrgenommene Informationen werden so verknüpft, dass die eigene Biografie eine stimmige Erklärung erhält.

Der viel zitierte Satz »Es ist nie zu spät für eine glückliche Kindheit« lässt sich deshalb ausweiten: Es ist nie zu spät für ein glückliches Leben.

Das Gedächtnis hilft dabei mit. Es hat die freundliche Tendenz, die Vergangenheit schönzufärben, um ein positives Bild zu erzeugen. Unangenehme Ereignisse erscheinen im Rückblick gar nicht mehr so negativ oder werden schlicht ausgeblendet. Und das aus einem einfachen Grund: »Mit schönen Erinnerungen«, so Markowitsch, »lässt sich besser leben.«

Einer Gruppe von Menschen gelingt diese subtile Selbsttäuschung übrigens nicht: den klinisch Depressiven. Ihre Selbstwahrnehmung mag realistischer sein, ihr Bild der Welt weniger verzerrt – aber darunter leidet ihre Lebensqualität, und zwar massiv. Wir haben also allen Grund, dem Gehirn für seine heimlichen Retuschen dankbar zu sein.

Im Spiegel der anderen

Ein Mensch kommt auf die Welt, sagen wir. Aber stimmt diese Aussage überhaupt? Nein. Genau genommen ist sie falsch. Ein Mensch *kommt* nicht auf die Welt, er wird von dieser Welt *hervorgebracht*. Er oder sie ist aus ihr hervorgegangen wie eine Blume aus der Erde oder ein Schmetterling aus der Raupe.

Es macht einen entscheidenden Unterschied, ob wir als Besucher von außen hier eintreffen oder ob wir uns als Kinder dieser Erde verstehen. Eigentlich wissen wir ja, dass Letzteres zutrifft. Und doch hält sich die Vorstellung, dass ich und die Welt zwei verschiedene Dinge sind. Sie ist uns so geläufig, dass wir kaum bemerken, welcher Täuschung wir da andauernd erliegen.

Diese »optische Täuschung des Bewusstseins« (so Einstein) macht die Welt zu einem fremden, manchmal auch bedrohlichen Gegenüber. Das Gespür für den Zusammenhang und die Zugehörigkeit geht verloren. Die Wirklichkeit erscheint als riesige Ansammlung von Objekten, die mehr oder weniger beziehungslos nebeneinanderstehen.

Dabei ist längst klar: Alles, was ist, existiert in Abhängigkeit von etwas anderem. Und so gibt es auch kein von seiner Umgebung losgelöstes Ich, kein Ich *an sich*. Das Ich entsteht in einem weit gespannten Netz von Verbindungen, Verknüpfungen und Abhängigkeiten. Das haben die alten Weisheitstraditionen schon gelehrt, und heute sehen es die Wissenschaftler ganz ähnlich: Wir sind verschieden, aber getrennt sind wir nicht. Die Welt ist ein Ganzes.

Zwar beginnt jedes Neugeborene aufgrund seiner Sinneswahrnehmungen zwischen sich und der Umwelt zu unterscheiden. Das muss auch sein, nur so gewinnt ein Kind Selbständigkeit. Es muss in den ersten Lebensjahren lernen, die eigenen Bedürfnisse und Überzeugungen von denen anderer Personen abzugrenzen.

Aber aus der Abgrenzung allein erwächst noch kein stabiles Selbstgefühl. Jedes Ich braucht auch ein Du, das antwortet. Es ist angewiesen auf Resonanz, um ein Ich sein zu können. Resonanz ist die unerlässliche Voraussetzung, um in Verbundenheit mit anderen ein eigenes Profil zu gewinnen.

Von anderen wahrgenommen und anerkannt zu werden ist ein Grundbedürfnis, eine existenzielle Notwendigkeit. Soziologen können dies auch beziffern: Nach einem Umzug brauchen Menschen am neuen Ort etwa dreißig Bekanntschaften, um sich zu Hause zu fühlen. Das können Nachbarn, Kolleginnen oder der Postbote sein, Hauptsache, man kennt sich. Die Zahl dreißig ist kaum Zufall, sie entspricht etwa der Größe einer steinzeitlichen Sippe.

Das Ich ist ein soziales Gebilde. Es entsteht im Zusammenleben und im Austausch mit anderen – oder, wie es der Mathematiker Norbert Wiener einmal formuliert hat: Ich weiß erst, was ich gesagt habe, wenn ich die Antwort darauf höre.

So erlebe ich es auch als Autor: Was ich geschrieben habe, wird mir erst richtig deutlich, wenn mich Leserinnen und Leser darauf ansprechen. Solche Rückmeldungen sind nicht bloß Echos, welche die eigene Stimme wiedergeben, sondern Resonanzen mit ihren eigenen Klangfarben. So wie eine Gitarrensaite, die gezupft wird, alle anderen mit zum Schwingen bringt.

Die Neurowissenschaftler vermuten, dass das menschliche Gehirn dafür mit einem besonderen Resonanzsystem ausgestattet ist, den *Spiegelneuronen*. Diese Nervenzellen fangen – im Verbund mit anderen neuronalen Netzwerken – die Signale des Gegenübers auf und aktivieren die entsprechenden Empfindungen beim Empfänger. Man lässt sich von der Stimmung des anderen anstecken, ahmt das Verhalten nach, übernimmt Gestik und Mimik, bis hin zu ähnlichen körperlichen Reaktionen, einem schnelleren Herzschlag etwa. Die Grenze zwischen Ich und Du wird durchlässig.

Im Zusammenleben helfen Spiegelneuronen, aus dem Verhalten anderer die richtigen Schlüsse zu ziehen. Sie registrieren deren Äußerungen und Bewegungen, und wir können uns augenblicklich darauf einstellen. So lenken sie uns etwa durch den Dschungel eines Warenhauses, ohne dass wir ständig mit jemandem zusammenstoßen.

Spiegelungen und Resonanzen regeln aber nicht nur das gesellschaftliche Miteinander. Sie zeigen auch, dass wir im Grunde so sind wie die anderen und die anderen so wie wir. Das Gemeinsame und Verbindende wird spürbar. Es entsteht eine atmende, schwingende Beziehung zwischen mir und dir und dem ganzen Rest der Welt.

Jedes Ich, sagt Martin Buber, entfaltet sich in einer »strömenden All-Gegenseitigkeit«.

Empathie und Mitgefühl

»Urteile nie über einen andern, bevor du nicht hundert Schritte in seinen Schuhen gegangen bist«, sagt ein indianisches Sprichwort. Später hat es eine Ergänzung erfahren: »Aber trage dabei deine eigenen Socken«. In den Schuhen des andern erleben wir die Welt aus seiner Perspektive. Das bedeutet nicht, dass wir sein Denken und Verhalten damit gutheißen: Wir tragen die eigenen Socken.

Die Fähigkeit, sich in andere einzufühlen, heißt *Empathie*. Nach dem Zoologen und Primatenforscher Frans de Waal gehört sie zur biologischen Grundausstattung höher entwickelter Lebewesen. Sie ist wahrscheinlich auf die elterliche Fürsorge zurückzuführen, wie sie alle Säugetiere kennen. Den berühmten Spruch »Homo homini lupus«, »der Mensch ist dem Menschen ein Wolf«, hält de Waal für falsch: Menschen sind nicht nur Konkurrenten - und Wölfe sind kooperative Tiere.

Dass Menschen auch rücksichtslos sein können, bestreitet der Primatenforscher nicht: Wir neigen zu einem egoistischen Verhalten, stellt er fest. Zugleich sind wir aber von anderen Menschen abhängig und auf sie angewiesen. Deshalb leben wir in Gesellschaften, alleine wären wir zu vielen Risiken ausgesetzt. »Wir waren nie autonome Individuen, wie Rousseau sich das vorstellte«, erklärt de Waal. »Wir stammen von affenartigen Wesen ab, die in Gruppen zusammengelebt haben, und wir sind selbst sehr soziale Tiere.«

Das Gute daran ist: Wenn Empathie biologisch verwurzelt ist, kann sie nicht verschwinden. Eine biologische Eigenschaft kann sich verstärken oder abschwächen, aber nicht in Luft auflösen. Empathie, meint de Waal, ist unsere zweite Natur. Wir müssen uns nicht entscheiden, empathisch zu sein – wir sind es bereits.

Auf dieser naturgegebenen Voraussetzung kann die *Goldene Regel** mit ihrem bestechend einfachen Imperativ aufbauen: »Behandle andere so, wie du von ihnen behandelt werden willst«. Diese Regel steckt im Kern aller großen ethischen Entwürfe der Menschheit, von den Zehn Geboten bis zur indischen Dharma-Lehre, von den Sila-Regeln des Buddhismus bis zu Kants kategorischem Imperativ.

Allerdings gehen die spirituellen Traditionen noch einen Schritt weiter: Sie fügen der Empathie das Mitgefühl hinzu. Bei der Empathie lasse ich mich von den Gefühlen eines anderen Menschen anstecken. Doch wenn ein trauriger Mensch mich bloß traurig stimmt, hilft das niemandem weiter. Mitgefühl führt darüber hinaus: Ich fühle mit dem anderen, ohne mich mit ihm zu identifizieren – aber mit dem starken Wunsch, ihm oder ihr etwas Gutes zu tun. Empathie ist ein Bauchgefühl, Mitgefühl bezieht das Herz und den Verstand mit ein.

Warum sieht die Welt trotz aller Empathie nicht besser aus? Weil unser biologisches Erbe leider auch eine dunkle Seite aufweist: Das Einfühlungsvermögen beschränkt sich oft auf die eigene Gemeinschaft. Tiere zeigen gegenüber artfremden Beutetieren keine Empathie; das Spiel einer Katze mit einer Maus kann sehr grausam sein. Menschen

---

* Zur *Goldenen Regel* vgl. oben S. 37.

können sogar mit ihresgleichen brutal umgehen. Sie haben gelernt, innerhalb ihrer Sippe oder ihres Stammes zu kooperieren – und sich von jenen abzugrenzen, die nicht dazugehören. »Wir gegen sie« heißt das uralte Muster im Kampf um Land und Ressourcen. Zusammenhalt im eigenen Verband – Misstrauen und Aggression gegenüber Fremden.

Doch es gibt Grund zur Hoffnung: Untersuchungen zeigen, dass der empathische Impuls oft stärker ist als die Aggression. Während des Vietnamkrieges sind viele amerikanische Soldaten vor dem Töten des Gegners zurückgeschreckt, was sich in der Statistik spiegelt: Auf jedes vietnamesische Kriegsopfer kommen 50.000 Kugeln. Es wird geschätzt, dass in einem Krieg nur ein bis zwei Prozent der Soldaten tödliche Schüsse abgeben, was ungefähr dem Prozentsatz der Psychopathen in einer Gesellschaft entspricht.

Der Soziologe Jeremy Rifkin weist darauf hin, dass Gewalt und Zerstörung im Verlaufe der Menschheitsgeschichte nicht die Regel, sondern die Ausnahme sind und deshalb viel Beachtung finden. Im Lärm, den solche Katastrophen verursachen, geht die leise Geschichte der alltäglichen Welt beinahe unter. Sie ist weit friedlicher, voll kleiner Zeichen von Aufmerksamkeit und Mitgefühl.

Wer in den Schuhen eines anderen geht, macht keine Schlagzeilen – aber dafür einen Schritt über sich selber hinaus. Viele solche Schritte verändern mit der Zeit das Zusammenleben. Die Welt wird etwas heller.

Die letzte Einsamkeit

Bei allem Einfühlungsvermögen, aller Sympathie und aller Liebe bleibt zwischen Menschen immer ein Rest an Fremdheit. Jeder und jede ist im eigenen Lebensgebäude zu Hause, das von innen immer anders aussieht als von außen. Auch wenn wir viele Gemeinsamkeiten haben, füreinander da sind und uns gut verstehen, können wir doch nie ganz exakt nachvollziehen, wie es dem oder der anderen wirklich geht.

Der Philosoph Thomas Nagel* hat dazu einen berühmten Essay geschrieben mit der Titelfrage: »Wie ist es, eine Fledermaus zu sein?« Nagels Antwort: Das werden wir nie wissen, weil wir keine Fledermäuse sind. Wir können uns zwar vorstellen, wie es für *uns* wäre, eine Fledermaus zu sein, von akustischen Signalen geleitet durch die Nacht zu fliegen, Insekten zu fangen und den Tag mit dem Kopf nach unten hängend in einem Dachboden zu verbringen. Aber es ist *unsere* Vorstellung – wie sich das für die Fledermaus anfühlt, können wir nicht wissen.

Lassen wir der Fledermaus ihr Erlebnis und fragen stattdessen nach dem Menschen: Wissen wir eigentlich, wie es sich anfühlt, ein anderer Mensch zu sein, unsere Partnerin zum Beispiel, unser Nachbar, unsere Kollegin, unser Busfahrer?

Natürlich haben wir weit mehr mit ihnen gemeinsam als mit einer Fledermaus, sodass wir uns wesentlich besser in sie hineinversetzen können – allerdings auch da nur be-

---

* Zu Thomas Nagel vgl. auch oben S. 115 f.

grenzt. Wir machen uns aufgrund unserer eigenen Erfahrungen ein Bild davon, was die andere Person erlebt und wie sie sich dabei fühlt. Es ist unser Bild. Wie es für diese Person aussieht, wissen wir nie so genau. Es bleibt eine grundsätzliche Lücke im Verstehen, die sich nicht schließen lässt.

Subjektive Erlebnisqualitäten, sagt Thomas Nagel, lassen sich objektiv nicht feststellen. Sie bleiben immer individuell, gebunden an die Perspektive des oder der Erlebenden. Sie liegen jenseits aller Vorstellungen und Begriffe und sind deshalb sprachlich kaum fassbar. Was in einem Menschen wirklich vorgeht, können andere nie vollständig nachempfinden. Die innersten Räume sind für Außenstehende unzugänglich.

Wenn jemand sagt, dass er sich freut oder traurig ist, dann können wir das bis zu einem gewissen Grad nachvollziehen, weil wir diese Erfahrung auch kennen. Aber es bleibt immer ein Rest an Nichtverstehen, weil keine zwei Menschen genau gleich gestrickt sind. Es bleibt eine dunkle Kluft, die »unentrinnbar und leise von allen uns trennt« (Hermann Hesse).

Wie für jemand anderen ein Apfel schmeckt, können wir nur vermuten. Und wenn die andere noch gar nie einen gegessen hat – wie wollen wir ihr unsere sinnlichen Empfindungen beim Biss in den Apfel beschreiben? Da können wir noch so viel reden und erklären, sie wird trotzdem nicht auf den Geschmack kommen.

Ebenso wenig können wir jemandem klarmachen, wie es ist, »ich« zu sein. Da reichen Worte und Begriffe einfach nicht aus. Es bleibt etwas Unaussprechbares, das wir mit niemandem teilen können. Wir bewohnen unsere eigene Welt, die außer uns niemand sonst kennt. Diese einmalige, einzigartige Welt mit ihrem ganzen Reichtum an Bildern und Empfindungen wird mit unserem Tod für immer verlöschen.

Der Mensch ist das einzige Tier, welches das Problem der eigenen Existenz lösen muss. Nicht nur das Wissen um den eigenen Tod zwingt ihn dazu, sondern auch die Erfahrung dieser innersten Einsamkeit. Die große Herausforderung besteht darin, sie zu erkennen – und anzunehmen. Sie gehört zur *conditio humana*, wie die Philosophen sagen: zu den Rahmenbedingungen, unter denen wir unsere Lebensreise angetreten haben.

»Leben ist Einsamsein«, heißt es bei Hesse. »Kein Mensch kennt den andern, jeder ist allein.«

Gerade dieses Alleinsein verbindet uns aber auch mit allen anderen Menschen. Einsame sind wir alle. Ein seltsames, aber tröstliches Paradox: Die innerste Einsamkeit ist unsere stillste Gemeinsamkeit.

Caspar David Friedrich:
Der Wanderer über dem Nebelmeer (ca. 1817)

»Alles ist Stille – Stille – Stille um mich her; … allein und immer allein; es tut mir wohl«, schreibt der Maler seiner Frau – und fügt hinzu: »Aber immer möchte ich es nicht so haben.«

Vor einem großen Himmel

Wie gut, dass es diese letzte Einsamkeit gibt! Ohne sie wären wir durchsichtig und unserer Umgebung völlig ausgeliefert. So aber bleibt ein verborgener innerster Raum, zu dem nichts und niemand Zutritt hat. Er ist unser Ureigenstes und macht das aus, was man Individualität nennt. Das lateinische Wort *individuum* heißt übersetzt: das Unteilbare.

»Individuum est ineffabile« lautet eine mittelalterliche Spruchweisheit: »Das Individuum ist nicht zu fassen.«

Diese philosophische Sentenz hat ihre Wurzeln in der griechischen Antike und besagt: Auch wenn wir alles über den Menschen allgemein wissen, haben wir den Einzelnen oder die Einzelne noch lange nicht erfasst. Über eine abstrakte Person lässt sich viel sagen, aber was konkret einen Georg, eine Sandra oder einen José zu einer unverwechselbaren Persönlichkeit macht, kann nie exakt benannt werden. Am Schluss »kehren die Worte zusammen mit dem Denken um, ohne das Eigentliche erreicht zu haben«, wie es in den Upanishaden so treffend heißt.

Auch die Wissenschaft hilft an diesem Punkt nicht weiter. Sie zeigt vielmehr, dass Menschen von ihrer genetischen Ausstattung her kaum zu unterscheiden sind. Die Gene von zwei beliebig ausgewählten Individuen sind zu mehr als 99,9 Prozent identisch. Die biologische Grundlage unserer Individualität ist äußerst schmal.

Und doch sind wir so verschieden. Das liegt nur zu einem kleinen Teil an der genetischen Differenz von einem knappen Zehntelprozent, die für Geschlecht, Augenfarbe, Größe und gewisse Charaktereigenschaften verantwortlich ist. Viel wichtiger ist, wie Menschen ihr biologisches Erbe nutzen. Dabei spielt das kulturelle und soziale Umfeld eine große Rolle. Im Spannungsfeld zwischen Veranlagung und Umwelt entsteht über die Jahre das Profil einer Persönlichkeit, wie es sie auf diesem Planeten noch nie gegeben hat und nie mehr geben wird.

Wir können aufzählen, was einen nahen Menschen so besonders macht. Je besser wir ihn oder sie kennen, umso mehr wird uns einfallen. Und doch gäbe es immer noch mehr zu sagen; alle Beschreibungen genügen nicht, um das Wesentliche zu erfassen. Es ist wie bei den berühmten 99 Namen Allahs: 99 Namen (Attribute) können genannt werden, der hundertste aber bleibt im Dunkeln. In ihm steckt das Eigentliche, das Unteilbare und Unverfügbare. Er macht das aus, was man bei einem Menschen sein Fluidum, seine besondere Ausstrahlung nennt.

Die Feststellung, dass jeder Mensch im Innersten allein ist, erhält damit eine wichtige Ergänzung: Jeder Mensch ist im Innersten auch ein Geheimnis – für die anderen ebenso wie für sich selber. Dieses Geheimnis wird im Verlaufe eines Lebens nicht kleiner. Es wird größer. Immer größer.

So kommt es, dass selbst in der Begegnung mit unseren Nächsten eine leise Ferne mitschwingt. Etwas Unbestimmtes, Geheimnisvolles umgibt sie. Es verleiht einer Beziehung ihren besonderen Zauber. Nähe und Ferne begegnen sich, das Vertraute mischt sich mit dem Fremden, das Bekannte mit dem Unbekannten. Die Bilder, die wir uns voneinander machen, erhalten eine gewisse Unschärfe. In ihr bleibt Raum für das Überraschende und ganz Andere, Raum, um »einander in ganzer Gestalt und vor einem großen Himmel zu sehen« (Rilke).

Individuum est ineffabile. Wir können einander nie ganz verstehen. Aber auf das Verstehen und den Verstand kommt es nicht immer an. Auch das Herz zählt, in Beziehungen ganz besonders. Und mit den Jahren entdecken wir, dass es genügt, unsere Nächsten zu lieben, auch wenn wir aus ihnen nicht immer schlau werden. Ein wundervolles Geheimnis sind sie allemal.

Intermezzo: Der Philosoph und das Meer 5

Während der Philosoph an der Küste entlangspaziert, schaut er den Möwen zu, die sich von den Winden übers Wasser tragen lassen.

Philosophieren, so denkt er, ist ganz ähnlich. Es braucht dafür zwei Flügel: Der eine Flügel, das sind jene Gedanken, die wir mit anderen teilen können. Der andere Flügel, das sind die Gedanken, welche uns auf eine nicht mehr mitteilbare Weise zutiefst berühren.

Philosophie führt den Einzelnen zu sich selber – und zugleich weit über sich selber hinaus, in eine unbekannte Dimension jenseits aller Worte und Bilder. Philosophie als Wagnis radikaler Offenheit. Sie atmet Freiheit.

Der absichtslose Blick über das Wasser befreit aus der Enge des Bekannten und immer schon Gewussten. Die Wahrnehmung wird offen und weit. Das scheinbar Selbstverständliche erweist sich als etwas höchst Erstaunliches: »Das Dasein ist uns so selbstverständlich, dass uns zumeist das Geheimnis nicht gegenwärtig ist, das im einfachen Bewusstsein der Realität liegt: ich bin da, die Dinge sind da.«

Was macht den Menschen eigentlich aus, fragt der Philosoph in solch stillen Momenten. Seine ganz persönliche Antwort ist ein eigentliches Bekenntnis: »Alles, was in uns Gewicht hat, ist im Ursprung Liebe. In ihr sind wir, was wir eigentlich sind. Allein die Liebe trägt unsere Existenz. In ihr erfahren wir die einzige Gewissheit, die uns erfüllt. Der Liebe erst geht die volle Wahrheit auf.«

Die Liebe des Philosophen gilt in erster Linie seiner Frau Gertrud. Sie hat ihn und sein Denken stark beeinflusst. Er spricht von einer »Gemeinschaftsarbeit«, und das nicht nur, weil sie bis ins hohe Alter seine unleserlichen Notizen in die Maschine getippt hat.

Liebe ist für ihn auch eine Brücke zur Transzendenz: »Die Liebe ist verbunden mit dem unbegründbaren, gegenstandslosen Vertrauen in den Grund der Dinge.«

Und die Liebe ist stärker als der Tod: »Wir sind sterblich als bloßes Dasein, unsterblich als Liebende.«

Was die Liebe vermag, zeigt ein Bild aus dem letzten Lebensjahr des Philosophen. Er liegt auf dem Sofa, seinem krankheitsbedingten Arbeitsplatz. Neben ihm steht Gertrud. Und was macht der oft so ernsthafte Denker? Er lacht leise, angesteckt vom hellen Lachen seiner Frau.

Zu sehen ist die befreiende Heiterkeit der Liebe.

Gertrud und Karl Jaspers 1968 in ihrer Basler Wohnung

6 Die Ordnung der Dinge: Was trägt und verbindet

Einmal, am Rande des Hains,
stehn wir einsam beisammen
und sind festlich, wie Flammen –
fühlen: Alles ist Eins.

Rainer Maria Rilke

Fließende Grenzen

Mit jeder Welle, die vom Meer auf das Ufer zurollt, wird die Küstenlinie neu gezeichnet. Die Grenze zwischen Wasser und Land ist immer in Bewegung und verändert sich dauernd. Sie verläuft fließend.

Fließende Grenzen sind überall in der Natur anzutreffen. Eine Jahreszeit geht in die andere über. Tag und Nacht begegnen sich im unbestimmten Zwischenraum der Dämmerung. Die Klimazonen überlagern sich an den Rändern. Und Wasser gefriert dermaßen subtil zu Eis, dass kein exakter Umschlagpunkt auszumachen ist. In der ganzen Natur ist ein Phänomen zu beobachten, das Wissenschaftler »Randbereichsunschärfe« nennen.

Auch die Evolution verläuft fließend. Auf dem weiten Weg von der ersten Bakterie bis zum heutigen Menschen gibt es nirgends eine klare Grenze, welche die eine Entwicklungsstufe von der anderen trennt. Jedes Lebewesen bleibt in seiner Art, und doch sind wir keine Bakterien mehr.

Menschen durchlaufen verschiedene Lebensphasen, die nahtlos ineinandergleiten. Irgendwann einmal ist die Kindheit zu Ende, später die Jugend, und eines Tages zeigen sich erste Falten im Gesicht, ohne dass wir zu sagen vermöchten, wann genau wir erwachsen oder alt geworden sind.

Ob Pflanzen, Tiere oder Menschen: Mit dem Tag, an dem sie das Licht der Welt erblicken, beginnt ihre biologische Uhr zu laufen. Geburt und Tod heißen die beiden Pole, zwischen denen sich alles Lebendige entfaltet. Sie sind aufeinander bezogen, aber nicht voneinander geschieden. Werden und Vergehen gehören zusammen und gehen ineinander über.

Trennende Grenzen entstehen im Kopf. Das hat oft auch seinen Sinn. Um die Welt verstehen und das Leben gestalten zu können, treffen wir Unterscheidungen. Wir scheiden das eine vom anderen. Damit entstehen fassbare Einheiten, die sich definieren lassen. Das Wort »definieren« kommt aus dem Lateinischen und heißt übersetzt: Grenzen ziehen.

Unterscheidungen, Definitionen und Urteile (auch in diesem Wort steckt eine Teilung) ermöglichen es, die Dinge zu gewichten, Bedeutungen zu erkennen und Orientierung zu finden. Ohne diese Fähigkeiten wären wir verloren. Sie erschließen uns die Welt und ordnen sie.

Die Sache hat nur einen Haken: Diese Trennungen sind Erfindungen des menschlichen Geistes. Sie verzerren die Wahrnehmung. Das Verbindende gerät in den Hintergrund, der Zusammenhang droht verloren zu gehen – und mit ihm der Sinn. Sinn entsteht nur da, wo es möglich ist, die einzelnen Teile so miteinander zu verknüpfen, dass sie ein Ganzes bilden.

Empfindsame Geister wie der Lyriker Rilke ahnen und spüren den inneren Zusammenhang aller Dinge. Meistens stehen wir der Welt *gegenüber*, stellt er fest. Doch er kennt auch glückliche Momente der Verbundenheit, wo das Ich durchlässig wird und es keine Trennung mehr gibt: »Dort draußen ist, was ich hier drinnen lebe, und hier und dort ist alles grenzenlos.«

In solchen Momenten beginnt die Welt für ihn zu singen. Dann kann er die Sterne in sich spüren, erleben, wie die Vögel am Himmel durch ihn hindurchfliegen und der Baum draußen in ihm zu wachsen beginnt. Dann gibt es nur noch einen einzigen Raum, der alles ausfüllt: den »Weltinnenraum«.

Einmal sitzt Rilke im Schlosspark von Duino, lehnt sich an einen Baum und schaut übers Meer. Ganz ins Schauen versunken, erlebt er eine tiefe Einheit, von der er erst ein Jahr später berichten kann, und er kann es nur aus der Distanz, in der dritten Person: »Nach und nach erwachte seine Aufmerksamkeit über einem nie gekannten Gefühl: Es war, als ob aus dem Innern des Baumes fast unmerklich Schwingungen in ihn übergingen.«

Der Dichter weiß, dass er diesen außergewöhnlichen Zustand nicht festhalten kann. Als vom Meer her ein frischer Wind durchs Geäst fährt, steht er auf und geht.

Ein weites Feld

Es gibt viele Menschen, aber nur eine Menschheit. Ob weiß oder schwarz, groß oder klein, Frau oder Mann – die Einzelnen sind sehr verschieden und gehören doch alle zur selben Familie.

Was verbindet sie? Zunächst die gemeinsame Herkunft, der gleiche Körperbau und vergleichbare geistige Fähigkeiten. Auch die Gedankenwelten und der Gefühlsausdruck sind ähnlich, ebenso die Kommunikationsformen und Verhaltensweisen. Diese Gemeinsamkeiten gehen teilweise auf die biologische Grundausstattung zurück, haben aber auch evolutionäre, soziale und kulturelle Wurzeln.

Möglicherweise gibt es darüber hinaus noch ein unsichtbares Band, das alle Menschen vereint. Der Philosoph Blaise Pascal hat das vor 400 Jahren schon vermutet, und heute mehren sich die Hinweise, dass eine solche Annahme nicht ganz aus der Luft gegriffen ist.

Auffällig ist etwa, dass unsere Urahnen in verschiedenen Regionen der Erde ungefähr zur selben Zeit unabhängig voneinander das Feuer entdeckt haben. Und dass Völkerstämme, die nichts voneinander wussten, ähnliche Werkzeuge gebaut und Töpfe der gleichen Art gebrannt haben.

Auffällig ist auch, dass die Nomadenstämme vor rund 10.000 Jahren weltweit zu einer sesshaften Lebensweise übergegangen sind und dass Kulturen in Ägypten, Amerika und China, die durch riesige geografische Distanzen getrennt waren, ähnliche Pyramiden errichtet haben, ohne von den jeweils anderen zu wissen.

Auffällig ist schließlich, dass der geistige Umbruch der Achsenzeit vor 2500 Jahren in rätselhafter Gleichzeitigkeit die Grundlagen der westlichen Kultur, der östlichen Philosophie und der großen Weltreligionen gelegt hat.[*]

Wie kommt es, dass dieselben Ereignisse zeitgleich an verschiedenen Orten stattfinden, obwohl keine kausale Beziehung zwischen ihnen besteht?

Einige Wissenschaftler ziehen dafür die Möglichkeit eines *Feldes* in Betracht. Sie übernehmen den Feldbegriff, wie ihn die Physik kennt, und übertragen ihn auf den Bereich des Geistes.

Ein physikalisches Feld gibt an, wie sich eine bestimmte Kraft im Raum verteilt. Es ist nicht direkt wahrnehmbar, übt aber eine wahrnehmbare Wirkung aus. Das Gravitationsfeld der Erde sorgt dafür, dass wir nicht abheben, und hält den Mond auf seiner Bahn. Ein Magnetfeld vermag ohne direkten Kontakt Gegenstände zu bewegen. Ein elektromagnetisches Feld ermöglicht es, mit einem Menschen am anderen Ende der Welt zu reden (vorausgesetzt, beide haben ein Telefon).

Gibt es auch ein Feld des Geistes, das nicht an die Grenzen von Raum und Zeit gebunden ist? Ein Bewusstseinsfeld, das alles und alle verbindet? Für den britischen Physiker David Peat ist das durchaus möglich: »Der Raum, in dem wir leben, wird von vielfältigen Beziehungsfäden durchzogen, sodass jede unserer Taten in diesem Netz auf unvorhersehbare Weise widerhallt und nachschwingt,

---

[*] Zur Achsenzeit vgl. auch oben S. 35 ff.

statt in einem endlosen, unpersönlichen und zufälligen Universum verloren zu gehen.«

Diese These, wie sie unter anderem auch vom Physiker David Bohm, dem Psychiater C.G. Jung oder dem Biologen Rupert Sheldrake vertreten wird, ist in wissenschaftlichen Kreisen umstritten. Während die bekannten physikalischen Felder experimentell überprüft werden können, bleibt das Bewusstseinsfeld eine Hypothese. Das spricht nicht gegen diese Theorie, versieht sie aber mit einem vorläufigen Fragezeichen. Wissenschaft heißt eben auch: unaufhörlich Fragen stellen – und offen sein für neue Möglichkeiten.

Bei ihren Versuchen, die Welt zu entziffern, haben die Menschen immer bessere Modelle entworfen, von den kultisch-mythischen Zeichnungen der Frühzeit über die philosophischen Entwürfe der Neuzeit bis hin zu den hochabstrakten Theorien der modernen Wissenschaften. »Die Geschichte der Naturwissenschaft«, schreibt Peat, »kann als ein Fortschreiten der Entdeckung immer feinerer Schichten der Natur verstanden werden.«

Diese Geschichte ist nie zu Ende und steht möglicherweise vor einem ihrer aufregendsten Kapitel: der Entdeckung eines universalen Bewusstseinsfeldes.

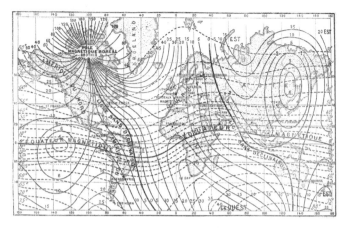

Das Erdmagnetfeld auf einer Karte aus dem Jahr 1895. Die Erde ist ein riesiger Magnet und erzeugt ein Feld, das sich in ovalen Linien von Süd nach Nord um den Globus spannt. Viele Tiere orientieren sich an diesem Magnetfeld. Ob auch ein entsprechendes Bewusstseinsfeld existiert, bleibt vorläufig offen.

Karten, Sterne und Neuronen

Biologisch gesehen ist der Mensch ein Tier, ein Säugetier aus der Ordnung der Primaten, das etwas verloren in dieser Welt steht. Andere Tiere sind mit einem inneren Kompass ausgestattet: Zugvögel, Lachse oder Meeresschildkröten finden über Tausende von Kilometern zielsicher ihren Weg, Blindmäuse orientieren sich problemlos in weit verzweigten unterirdischen Gangsystemen. Zoologen vermuten, dass die meisten höheren Tiere das Erdmagnetfeld als Kompass nutzen. Dem Menschen fehlt dieser natürliche Orientierungssinn. Er steht vor der Aufgabe, für sein Leben selber eine Richtung und ein Ziel zu finden.

Und wie macht er das? Er entwirft eine Karte.

Für den schwedischen Geografen Gunnar Olsson steht die Landkarte am Anfang aller Philosophie: Wenn wir nachdenken, folgen wir nicht einer linearen Logik, nach der sich eines aus dem anderen ergibt. Wir folgen einer älteren, spontaneren Denkbewegung und erstellen Karten. Um ein Problem zu lösen, kartografieren wir es. Schon als krabbelnde Kleinkinder strukturieren wir so den Raum. Später kommen immer mehr Karten hinzu, welche die Umgebung ordnen und erklären, indem sie Verbindungen und Muster aufzeigen. Menschen sind äußerst begabte Kartenhersteller, meint der Geograf Olsson.

Auch die Wissenschaft entwirft Karten, um die Welt zu beschreiben. Dabei kann es überraschenderweise passieren, dass zwei Karten sich ähnlich sind, obwohl sie ganz verschiedene Landschaften abbilden. Wenn etwa Fotografien vom neuronalen Netz mit solchen von der großräumigen Struktur der Galaxien verglichen und auf die gleiche Auflösung gezogen werden – ist beinahe dasselbe Muster zu sehen! Die Strukturen des Gehirns und jene des Universums sind sich zum Verwechseln ähnlich, als ob das Gehirn ein kleines Universum und das Universum ein großes Gehirn wäre.

Schon vor Jahrzehnten, als diese Entsprechung noch nicht bekannt war, hat der britische Mathematiker und Astronom James Jeans postuliert, das Universum gleiche weniger einer großen Maschine als vielmehr einem großen Gedanken. Er vermutet, dass sich hinter der Anordnung von Materie und Energie ein universales geistiges Prinzip verbirgt.

Tatsächlich lässt sich eine dem Kosmos innewohnende Logik beobachten, die sich in immer wiederkehrenden Zahlenverhältnissen und ähnlichen geometrischen Mustern zeigt. Viele Erscheinungen im Großen wie im Kleinen lassen sich mit derselben mathematischen Formel beschreiben. Ein Satz von gut dreißig *Naturkonstanten* (unveränderlichen physikalischen Größen) und eine Handvoll Gleichungen genügen im Prinzip, um das Gerüst der Welt darzustellen.

Albert Einstein ist allein mit Gedankenspielen und Berechnungen auf kosmische Strukturen und Prozesse gestoßen, die teilweise erst Jahre oder Jahrzehnte später experimentell nachgewiesen werden konnten. Im Kosmos sind überall die gleichen mathematischen Gesetzmäßigkeiten anzutreffen – im Reich der Sterne ebenso wie im menschlichen Gehirn, das über diese Zusammenhänge nachdenkt.

James Jeans zieht daraus den Schluss: Wir sind keine Fremdlinge in diesem Universum. Wir gehören dazu. Unser Geist vermag zumindest ansatzweise mithilfe der Mathematik eine verborgene Ordnung hinter den Dingen zu erkennen. Er kartografiert unermüdlich die Welt. Und die Karten, die dabei entstehen, werden immer besser.

Und doch sind Abbild und Wirklichkeit nie ganz identisch. Die Welt ist vielschichtiger, differenzierter und farbiger als jede Karte von ihr. Eine Karte ist nicht die Landschaft. Und es gibt Momente, wo es gut ist, sie aus der Hand zu legen – und nur noch zu schauen, zu staunen, zu sein: mit einem langen, liebevollen Blick auf diese verwirrend bunte und zutiefst geheimnisvolle Welt. Wir sind ihre Gäste. Sie ist unser Zuhause.

Die Mathematik der Natur

Alles Leben lässt sich auf Biologie zurückführen, alle Biologie auf Chemie, alle Chemie auf Physik und alle Physik auf Mathematik. In den allgemeingültigen Gesetzmäßigkeiten, welche der Natur ihre Gestalt verleihen, stecken mathematische Gleichungen. Sie choreografieren das Universum.

Das Buch der Natur ist in der Sprache der Mathematik geschrieben, wie Galileo Galilei schon vor 400 Jahren festgestellt hat. Wer es entziffern will, kommt nicht um die universale Sprache der Zahlen und Zeichen herum. Sie verweist auf eine Wirklichkeit, für die es keine Worte mehr gibt.

Die entscheidende Frage dabei lautet: Werden die mathematischen Strukturen entdeckt – oder werden sie erfunden? Sind sie eine der Natur innewohnende Logik oder eine Projektion des menschlichen Geistes, der die Natur zu verstehen sucht?

Die Wissenschaftler sind sich nicht einig. Möglicherweise trifft beides zu. Tatsache ist, dass sich die Mathematik hervorragend zur Beschreibung der Natur eignet und dass Mathematiker zu unterschiedlichen Zeiten unabhängig voneinander die gleichen Entdeckungen gemacht haben.

Hätte ein Beethoven nicht gelebt, gäbe es die berühmte fünfte Sinfonie nicht. Hätte ein Pythagoras nicht gelebt, gäbe es seinen berühmten Satz zur Geometrie des Dreiecks* trotzdem – es wäre einfach jemand anders darauf

---

* Die Gleichung $a^2+b^2=c^2$ ist der wohl bekannteste Lehrsatz der Geometrie.

gestoßen. Und tatsächlich war dieses fundamentale geometrische Prinzip schon vor Pythagoras in Babylon und Indien bekannt.

Der Satz des Pythagoras ist heute noch genauso gültig wie bei seiner Entdeckung vor 2500 Jahren. Die wissenschaftliche Beschreibung der Welt hat sich im Verlaufe der Jahrhunderte immer wieder verändert, die mathematischen Gesetzmäßigkeiten aber sind geblieben. Das hat Einstein zu der launigen Frage veranlasst, ob Gott die Welt auch anders hätte gestalten können oder ob die Logik das gar nicht zulässt.

Die Frage zeigt, wohin die Mathematik führt: in die Philosophie. Sie befasst sich mit einer zeitlosen Wirklichkeit, welche in unserer durch Raum und Zeit begrenzten Welt physisch zum Ausdruck kommt. Sie beschreibt eine unsichtbare Ordnung hinter den Dingen. Ihre Chiffren, Gleichungen und Formeln sind wie Schlüssel. Sie öffnen Türen zum tieferen Verständnis der Natur. Und sie verweisen auf den Grund aller Dinge.

Der Quantenphysiker Werner Heisenberg hat ihn erblickt, als er während eines Erholungsurlaubs auf Helgoland in nächtelanger Arbeit nach den mathematischen Grundlagen der Quantenmechanik suchte. Eines Nachts um drei Uhr lag die Lösung sichtbar vor ihm – und er erschrak: »Ich hatte das Gefühl, durch die Oberfläche der Erscheinungen hindurch auf einen tief darunter liegenden Grund von merkwürdiger Schönheit zu schauen, und es wurde mir fast schwindlig bei dem Gedanken, dass ich nun dieser Fülle von mathematischen Strukturen nachgehen sollte, die die Natur dort unten vor mir ausgebreitet hatte.«

Was hat er gesehen? Mathematische Formeln und geometrische Muster auf einem Blatt Papier. Zeichen für den wohlgeordneten Aufbau der Natur. Symbole für den inneren Zusammenhang der Welt.

Nicht die Materie steht nach Heisenberg am Anfang aller Dinge, sondern die mathematische Form: »Und da die mathematische Struktur letzten Endes ein geistiger Inhalt ist, könnte man mit den Worten von Goethes Faust sagen: ›Am Anfang war der Sinn‹.«

Der überraschende Blick auf den Grund hat den großen Quantenphysiker zutiefst bewegt. An Schlaf war in dieser Nacht nicht mehr zu denken. In der Morgendämmerung verließ Heisenberg das Haus, ging zum Meer und kletterte auf einen Felsen, der ins Wasser hineinragte.

Dort wartete er, bis die Sonne aufging.

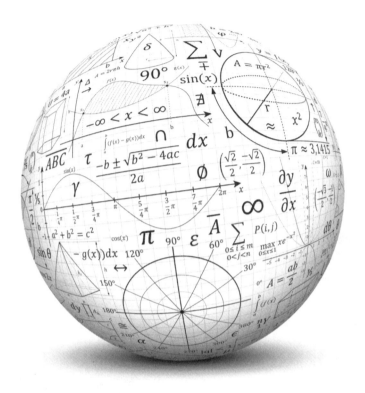

Das Buch der Welt ist in der universalen, zeitlosen Sprache der Mathematik geschrieben. Ihre Zahlen, Zeichen und Symbole verweisen auf die innere Ordnung aller Dinge. Mathematik ist die »Wissenschaft vom Unendlichen« (Hermann Weyl), eine »einzigartige Sinfonie des Unendlichen« (David Hilbert).

Poesie der Wissenschaft

Das Schönste und Tiefste, was ein Mensch erleben kann, ist das Geheimnisvolle: So hat Albert Einstein es 1932 in seinem *Glaubensbekenntnis* formuliert. Das Geheimnisvolle steht für ihn am Anfang aller Wissenschaft und erreicht uns im Abglanz der Schönheit.

Wenn sich heute ein Teilchenphysiker wie der Nobelpreisträger Frank Wilczek durch Messungen und Berechnungen hindurcharbeitet, entdeckt er am Schluss – nein, nicht noch mehr Daten und Formeln, sondern schlicht und einfach: Schönheit! Ein Erlebnis, das ihn jedes Mal neu begeistert. Wilczek ist zutiefst überzeugt: »Die Welt ist ein Kunstwerk.«

Vielen Forschern geht es ähnlich. Sie beobachten, wie die Strukturen im Innersten der Welt immer unanschaulicher und abstrakter werden, zugleich aber auch immer einfacher und schöner. Etliche sehen in der Schönheit einer Theorie den Beweis für ihre Wahrheit – was allerdings umstritten ist: Schon manch schöne Theorie ist an einer hässlichen Tatsache gescheitert.

Was meinen die Wissenschaftler, wenn sie von Schönheit sprechen?

In erster Linie Einfachheit. Einsteins berühmte Gleichung $e=mc^2$ ist schön, weil sie mit einer Kombination von wenigen Zeichen den Zusammenhang zwischen Energie und Materie und damit ein Grundprinzip des Universums darstellt. Die Natur ganz allgemein ist schön, weil ihre Strukturen im Innersten so verblüffend einfach sind. Die ganze materielle Welt besteht aus weitgehend identischen

Bausteinen. Es gibt nur wenige sogenannte Teilchenfamilien, die aber eine unermessliche Fülle an Substanzen, Farben und Formen hervorbringen.

Als schön gelten weiter die Symmetrien, die auf vielen Ebenen der Wirklichkeit zu beobachten sind. Vom kleinsten Teilchen bis zur mächtigsten Galaxie sind überall Regelmäßigkeiten und Muster anzutreffen, welche das Universum gestalten und strukturieren.

Dem Teilchenphysiker Frank Wilczek ist aufgefallen, dass selbst so unterschiedliche Phänomene wie Musik und Atome erstaunliche Parallelen aufweisen, die sich mit Hilfe der Mathematik auch aufzeigen lassen. »Ist es nicht überwältigend«, fragt er, »dass die Gleichungen, die Atome beschreiben, denjenigen für den Klang von Musikinstrumenten ähneln?«

Materie geht im Innersten in Schwingungen und Wellen über, wie die Quantenphysik weiß; der Vergleich mit der Musik liegt also nahe. Anderseits kann eine solche Ähnlichkeit auch Zufall sein. Doch das stört Wilczek nicht weiter: »Wenn es ein Zufall ist, dann ein wunderschöner. Ein Geschenk.«

Die Grenze zwischen Wissenschaft und Kunst wird durchlässig. Wissenschaft ist *auch* Kunst. Sie findet nicht nur im Kopf statt, sondern genauso im Herzen. Wissenschaft und Kunst sind zwei Wege der Erkenntnis. Sie überschneiden sich. Und sie sprechen dieselben Hirnregionen an. Das Gehirn belohnt uns, wenn wir es mit Schönem zu tun haben, meint Wilczek: »Die Evolution will uns auf diese Weise ermutigen zu tun, was gut für uns ist. Das gilt auch für das Bemühen, den Dingen auf den Grund zu gehen und Zusammenhänge zu verstehen. Wenn uns dies gelingt, erleben wir es als Schönheit.«

Von Pythagoras und Platon über Galilei und Newton bis zu Maxwell, Einstein und Heisenberg: Wissenschaft wird vorangetrieben von der Suche nach der Wahrheit – und von einer tiefen Sehnsucht nach Schönheit. Dahinter steht letztlich das urmenschliche Verlangen nach Sinn.

Und auch nach Gott?

Wilczek auf die entsprechende Frage eines Reporters: »Ich will herausfinden, was die Wirklichkeit ist. Nennen Sie die dann, wie Sie wollen.«

Der Klang des Lebens

Wie hat alles angefangen? Mit Musik, sagt der französische Wissenschaftsphilosoph Michel Serres. Nicht mit einem Urknall, sondern mit einem Urklang. So interpretiert Serres auch den biblischen Schöpfungsbericht: Am Anfang steht das Chaos des Urmeeres, das rhythmisiert und zu Wellenformen geordnet wird. Der Rhythmus der Wellen ist seither überall gegenwärtig: Im Ein und Aus des Atems, im Wechsel von Tag und Nacht, in der Abfolge der Jahreszeiten und Lebensphasen. Auf jeder Ebene der Wirklichkeit bildet die Natur Rhythmen.

Alles ist Musik. Sie kanalisiert das Rauschen der Welt. Sie ordnet die Dinge, ohne sie auf einen bestimmten Zustand zu fixieren. Im Unterschied zum Wort, das Serres als »einsaitig« empfindet, trägt die Musik eine Vielzahl von Bedeutungen in sich. »Ich irrte von den menschlichen Sprachen zur Akustik und den vibrierenden Dingen«, bekennt er, »so gelangte ich zum Zauberklang der Dinge selbst.«

Musik ist im Kern Mathematik: Sie besteht aus berechenbaren Schwingungen, deren Frequenzen sich überlagern. Einer der ersten, die diesen Zusammenhang entdeckt haben, ist Pythagoras. Er hat auch die moderne Physik vorweggenommen, wenn er feststellt: »Ein Fels ist Stein gewordene Musik.« Tatsächlich löst sich alle feste Materie im Innersten in tanzende Partikel und schwingende Felder auf, wie die Quantenphysik heute weiß.

Aber Musik ist mehr als Mathematik: Sie verwandelt Zahlenverhältnisse in Gefühle. Musik ist auch mehr als

Physik: Sie übersetzt Luftdruckschwankungen in Empfindungen. Sie lässt Menschen über sich hinauswachsen und verfügt über eine dermaßen starke emotionale Kraft, dass Hildegard von Bingen die Musik als Erinnerung an das verlorene Paradies erlebt.

In sämtlichen Kulturen der Erde machen die Menschen Musik, seit Jahrtausenden schon. Musik ist die älteste Sprache, eine frühe, nonverbale Form der Kommunikation. Auf dem evolutionären Weg spielt sie eine wichtige Rolle, für die Einzelnen ebenso wie für den Zusammenhalt in der Gruppe. Ohne Musik, so vermuten Wissenschaftler, gäbe es den Homo sapiens vielleicht nicht.

Alle Kulturen kennen Wiegenlieder, die überall ähnlich tönen. Kinder brauchen Musik, um sprachliche und soziale Fähigkeiten zu entwickeln. Sie lernen singen, bevor sie sprechen können. Klänge und Töne werden schon früh aufgenommen und formen die stärksten Verbindungsleitungen im Gehirn. Und am Ende des Lebens, wenn Verstand und Gedächtnis verlöschen, ist es wiederum die Musik, welche Sterbende noch zu berühren vermag.

Musik dringt direkt in die Tiefen des Gehirns und öffnet Tore zur Gefühlswelt. Sie bewegt, provoziert, befreit. Sie beeinflusst den Herzschlag, die Atmung und ganz allgemein das körperliche Wohlbefinden. Sie stärkt das Immunsystem, reduziert den Stress und beruhigt die Angst.

Stiftet sie auch Sinn? Michel Serres vermutet es, wenn er sagt: »Das nennt sich Musik, dieses immense Mehr, das die Welt umfließt.« Musik eröffnet tiefe Zusammenhänge und macht spürbar, dass die Welt mehr ist, als sie zu sein scheint: eine Erfahrung, die Menschen ebenso verzaubern wie verwandeln kann.

Klänge, Rhythmen und Harmonien wecken ein Vertrauen ins Dasein, das keine weitere Begründung mehr braucht. Trotz des offensichtlichen Unsinns glaube er an einen Sinn des Lebens, bekennt Hermann Hesse in seinem Tagebuch: Dieser Sinn sei spürbar im Gleichnis der Musik.

Das große Spiel

Musik, sagt Schopenhauer, ist die Melodie, zu der die Welt der Text ist. Und diese Welt ist in hohem Maße geordnet. Das ist keine Selbstverständlichkeit: Ihre Bausteine, die Atome, haben sich im Verlaufe der Jahrmillionen unzählige Male neu zusammengefügt – und das ganz exakt so, dass aus vielen Noten eine Sinfonie entstanden ist, dass aus dem Chaos des Anfangs ein *Kosmos* erwachsen ist. Dieses griechische Wort bedeutet nicht nur Ordnung, sondern auch Schmuck. Es besagt: Die Welt ist schön.

Wären die Atome einfach durcheinandergewürfelt worden, gäbe es diese Ordnung kaum. Es ist sehr unwahrscheinlich, dass allein spontane, zufällige Prozesse zum Planeten Erde mit seiner ganzen Vielfalt an Lebensformen geführt haben – die Zahl der möglichen atomaren Kombinationen ist dafür viel zu hoch.

Das hat Einstein zu der Feststellung verleitet: »Gott würfelt nicht.« Er wollte nichts vom Zufall wissen. Aber in diesem Punkt hat er sich geirrt. Der Zufall spielt in der kosmischen wie auch in der biologischen Evolution durchaus eine Rolle, wie die Wissenschaft heute weiß. Er gehört fundamental zur Natur.

Allerdings gibt es auch physikalische Regeln, die ihm Schranken auferlegen. Diese Regeln, die sogenannten *Naturgesetze*, sind im Reich der Sterne und Galaxien ebenso zu beobachten wie hier auf der Erde und im subatomaren Schattenreich der Elementarteilchen. Die Wissenschaft kann sie mit ihren mathematischen Modellen abbilden, vermag aber nicht zu sagen, woher sie kommen und warum es sie überhaupt gibt.

Regeln plus Zufall: So funktioniert ein Spiel. Es unterliegt gewissen Rahmenbedingungen, sein Verlauf bleibt aber offen. Das Spiel der Kräfte und Teilchen hat diese Welt mit ihrer ganzen bunten Vielfalt hervorgebracht. Der Spielplan der Evolution verhindert eine willkürliche Entwicklung, lässt aber verschiedene Möglichkeiten offen. Etwa die Möglichkeit, dass auf einem kleinen Planeten am Rande eines unbedeutenden Sonnensystems ein zweibeiniges Lebewesen namens Mensch entsteht. Zwingend ist das nicht. Aber schön.

Oder verhält es sich anders? Sind wir keine Laune der Natur, sondern eingeschrieben in die Gesetze des Universums?

Einige Wissenschaftler sehen das so und haben dafür auch gute Argumente. Andere wiederum bestreiten es, ebenfalls mit guten Argumenten. Diese Debatte wird wohl nie zu entscheiden sein. Sie ist selber ein Spiel mit offenem Ausgang.

Allem Denken wohnt etwas Spielerisches inne. Gedanken werden hin und her bewegt, überprüft, angenommen oder verworfen. Vielen Entscheidungen geht ein Abwägen und Ausprobieren voraus. Die Fähigkeit, mit Gedanken zu spielen, hat es dem Menschen ermöglicht, sich wechselnden Lebensbedingungen anzupassen – ein großes Plus im evolutionären Prozess.

Gedankenspiele sind die Voraussetzung für alle Erkenntnis und alle Kreativität. Unsere ganze Kultur gründet ursprünglich im Spiel. Es ist eine Grundkategorie menschlichen Verhaltens – und eine elementare Form der Sinnfindung. Der Mensch ist bekanntlich nur da ganz Mensch, wo er spielt, wie es bei Schiller heißt.

Bereits die antike Philosophie hat der Welt einen spielerischen Zug verliehen. Heraklit vergleicht den Weltlauf mit einem spielenden Kind, das Brettsteine setzt; Platon sieht den Menschen als Geschöpf eines spielenden Gottes. Die Vorstellung von der Welt als einem göttlichen Spiel hat auch in die biblische Weisheitsliteratur und in die frühchristliche Theologie Einzug gehalten. Die spielende Gottheit ist ein Urmythos der Menschheit und findet sich in vielen Kulturen.

Das Spiel gehört wesentlich zu dieser Welt. Seine Regeln garantieren das erforderliche Maß an Ordnung, der Zufall ermöglicht die Freiheit. Wir brauchen beides: Die Verlässlichkeit der Regel und die Freiheit des Zufalls. So können wir unser Leben gestalten – und hoffentlich auch genießen.

Ein Spiel verfolgt keinen Zweck, es trägt seinen Sinn in sich selbst. Das Leben lebt ohne Warum, wie Meister Eckhart sagt. Es kommt einzig darauf an, mit viel Hingabe und Liebe zu spielen, mit einer heiteren Gelassenheit, ebenso ernst wie unbeschwert.

So lässt sich leben, hier und jetzt und bis ans Ende aller Tage, meint Rainer Maria Rilke: »Und dann eines Tages alt sein und noch lange nicht alles verstehen, nein, aber anfangen, aber lieben, aber ahnen, aber zusammenhängen mit Fernem und Unsagbarem bis in die Sterne hinein.«

Ausklang: Mich wundert

In diesem Buch steht nicht die Wahrheit. Ein solcher Anspruch wäre vermessen. Niemand kennt die Wahrheit. Wir können versuchen, ihr etwas näher zu kommen – besitzen werden wir sie nie. Wer die Wahrheit für sich beansprucht, so ein Bonmot Einsteins, scheitert am Gelächter der Götter.

Auch für die Wissenschaft ist in dieser Hinsicht Bescheidenheit angesagt. Nach Karl Popper, dem Philosophen des kritischen Rationalismus, ist *alles* Wissen unsicher. Es ist nie ganz auszuschließen, dass wir uns täuschen. Wissenschaftliche Theorien lassen sich nicht wirklich beweisen (verifizieren), sondern nur widerlegen (falsifizieren). So waren die Europäer lange überzeugt, dass alle Schwäne weiß seien – bis im 17. Jahrhundert in Australien ein schwarzer Schwan entdeckt wurde.

Wir wissen also nie ganz sicher, ob etwas wirklich so ist, wie wir denken. Wir können nur vermuten, dass es so ist. Alles Wissen, so Popper, beruht im Grunde auf Annahmen und Vermutungen.

Das Verb *wissen* bedeutet von seiner Wortwurzel her »sehen, erblicken«. Wissen gründet sich ursprünglich auf konkrete sinnliche Wahrnehmung, auf Erfahrung also. Vieles, was die Wissenschaft heute beschreibt, können wir aber nicht mehr selber wahrnehmen. Wir müssen es *glauben*.

Wir glauben, dass die Erde sich um die Sonne dreht,

obwohl unsere unmittelbare Wahrnehmung es umgekehrt zeigt. Wir glauben, dass es Atome, Zellen und Gene gibt, auch wenn wir nie welche gesehen haben. Und natürlich glauben wir auch, dass die Welt draußen objektiv vorhanden ist und nicht nur in unserem Geist existiert. Wissen können wir es nicht.

Wer glaubt zu wissen, weiß nicht, dass er glaubt. Und das hat nicht nur mit der eingeschränkten Wahrnehmung zu tun. Es ist auch ein grundsätzliches Problem. Jedes Wissen bleibt unvollständig, weil es im Kern auf Annahmen beruht, die sich nicht vollständig begründen lassen. Um vollständig zu sein, müsste jede Begründung ihrerseits wieder begründet werden: ein endloser Prozess. Im Prinzip kann man immer weiterfragen, so wie Kinder das gerne tun: Warum – warum – warum? Oder etwas als gegeben hinnehmen – und glauben.

Die Fähigkeit, etwas zu glauben, was sich der Wahrnehmung und der unmittelbaren Beweisbarkeit entzieht, zeichnet den Menschen aus. Er kann über die Grenzen der sinnlich erfahrbaren Welt hinausdenken und verborgene Wirklichkeiten erkunden. Im Zeitalter von Quantenphysik und Relativitätstheorie, wo die Beschreibung der Welt abstrakt und unanschaulich geworden ist, spielt diese Begabung eine große Rolle.

Und da ist noch nicht Schluss. Das Wichtigste kommt erst noch: Die Frage nach der Beschaffenheit der Welt geht über in die Frage, was das Ganze eigentlich soll. Warum ist überhaupt etwas und nicht nichts? Warum gibt es uns? Was ist der Sinn von allem?

Die Naturwissenschaft kann diese Fragen nicht beantworten. Doch der Mensch gibt keine Ruhe. Er fragt nach dem, was hinter der *Physik* (Naturlehre) steht, und entwirft eine *Metaphysik* – und das seit vielen Jahrtausenden schon, in einer bunten Vielfalt von Bildern, Geschichten und Lehren. Die Metaphysik ist eine kreative Leistung des Geistes und zählt zu den frühesten kulturellen Schöpfungen der Menschheit. Sie weist über den flüchtigen Augenblick hinaus auf eine zeitlose Wirklichkeit, den Hintergrund alles Seienden.

Wer über das Leben nachdenken will, muss diesen Hintergrund mit einbeziehen, meint der Philosoph Karl Jaspers. Damit gewinnt das Denken an Tiefe und Weite. Es entsteht Raum für das Umfassende und Unendliche, für das unbegreifliche, namenlose *Mehr*. Dieses Mehr ist der Grund, aus dem ein tiefes Vertrauen in die Sinnhaftigkeit des Daseins erwächst. Ein Vertrauen, das trägt, auch wenn entscheidende Fragen offenbleiben.

Ein Vers aus dem Mittelalter, der Jaspers viel bedeutet hat, drückt diese Erfahrung in einfachen Worten aus:

Ich komme, ich weiß nicht woher,
Ich bin, ich weiß nicht wer,
Ich sterb', ich weiß nicht wann,
Ich geh', ich weiß nicht wohin,
Mich wundert's, dass ich fröhlich bin.

Diese Fröhlichkeit, wir ahnen es, entspringt nicht einer momentanen Laune. Sie hat tiefere Wurzeln und schließt auch die dunklen Seiten des Lebens mit ein. Sie erwächst aus dem Staunen – und aus der Dankbarkeit. Im Staunen öffnet sich die Welt, in der Dankbarkeit öffnet sich das Herz. Das eine ergibt sich aus dem anderen, und das Ergebnis heißt Gelassenheit.

So kann der unbekannte mittelalterliche Dichter und mit ihm unser Philosoph am Meer seine Wege gehen – ohne eine Antwort auf die letzten Fragen zu kennen, aber mit einem weiten, offenen Horizont.

> Er stellt die Fragen – und geht weiter.
> Er lebt die Fragen – und geht weiter.
> Er liebt die Fragen – und geht weiter.
> Er geht durch die Fragen hindurch.
> Und geht weiter. Immer weiter.
> Gelassen und heiter.

Ein zweifaches Dankeschön

Sie hat mich, wie schon bei den vorangehenden vier Büchern, unterstützt, motiviert, inspiriert – und auch korrigiert: Mit Bleistift hat meine Frau Corina unzählige Bemerkungen ins Manuskript notiert. Ihre Kritik hat mir sehr geholfen, ihre vielen Randnotizen wären ein eigenes Buch wert. Danke, meine allerliebste Corina, ich habe dir wiederum viel zugemutet!

Er hat mich vor zwei Jahrzehnten ermuntert, ein erstes Buch zu schreiben. Unterdessen sind es fünf geworden. Rudolf Walter, langjähriger Programmleiter und Cheflektor des Herder-Verlages, hat alle begleitet und in eine gute Form gebracht. Vielen Dank, lieber Rudi, für die gute Zusammenarbeit über all die Jahre!

Quellenhinweise

S. 9: © Hans Magnus Enzensberger: *Kiosk. Neue Gedichte*, Frankfurt am Main: Suhrkamp 1995.

S. 15: Aus Hermann Hesses Aufsatz *Krieg und Frieden* (1918), Frankfurt am Main: Fischer 1965.

S. 19: www.shutterstock.com (Bildnummer: 208278832).

S. 25: www.shutterstock.com (Bildnummer: 128819524).

S. 41 (und die anderen vier Intermezzi): Karl Jaspers: *Der philosophische Glaube*, München: Piper 2012 und Karl Jaspers: *Die Chiffern der Transzendenz*, Basel: Schwabe 2011.

S. 43, 75, 97, 127: https://pixabay.com/de/mann-person-fremd-mensch-meer-981619/: CC0 Public Domain.

S. 45: Rabindranath Tagore: *Gitanjali* (neue deutsche Übersetzung von Angelika und Karsten Klemme), http://www.jonsong.net/tagore/Tagore_Gitanjali_Endfassung.pdf.

S. 50: www.shutterstock.com (Bildnummern: 272003549 und 402877426).

S. 65: www.shutterstock.com (Bildnummer: 340384811).

S. 77: Herms Romijn: http://www.origenes.de/literatur/literaturverzeichnis/literaturverzeichnis-nte/literatur-nte_franzalt.htm.

S. 85: © Kanizsa-Dreieck, Quelle: wikipedia: https://de.wikipedia.org/wiki/Gaetano_Kanizsa.

S. 92: © http://www.proliberty.com/observer/20050410.htm: Idaho Observer: Map projection linked to upsidedown worldview proliberty.com 410 × 268 (oder wikipedia)

S. 107: www.shutterstock.com (Bildnummer: 66644215).

S. 115: Thomas Nagel: *Geist und Kosmos*, Berlin: Suhrkamp 2013.

S. 120: © https://commons.wikimedia.org/wiki/File:RobertFuddBewusstsein17Jh.png.

S. 129: Johann Wolfgang von Goethe, *Eins und alles*.

S. 138: © iStock/joel peters, http://de.freeimages.com/premium/cheeky-monkey-looking-at-it-s-reflection-1391673

S. 152: © https://de.wikipedia.org/wiki/Einsamkeit#/media/File:Caspar_David_Friedrich_-_Wanderer_above_the_sea_of_fog.jpg.

S. 158: Thomas Höpker/Magnum Photos/Agentur Focus.

S. 161: Rainer Maria Rilke, *Einmal am Rande des Hains*, aus: *Dir zur Feier* (1897/98).

S. 169: www.shutterstock.com (Bildnummer: 101528062).

S. 176: www.shutterstock.com (Bildnummer: 290831645).